TÉO AZEVEDO
CATRUMANO 70

Amelina Chaves

TÉO AZEVEDO
CATRUMANO 70

1ª edição
São Paulo / 2013

EDITORA AQUARIANA

© 2013, Amelina Chaves

Organização: Marco Haurélio
Digitação e 1ª revisão: Cláudio Rogério Guimarães
Editoração e revisão final: Antonieta Canelas
Capa: Editora Aquariana

CIP-BRASIL. CATALOGAÇÃO NA PUBLICAÇÃO
SINDICATO NACIONAL DOS EDITORES DE LIVROS, RJ

C439t

Chaves, Amelina
    Téo Azevedo: Catrumano 70 / Amelina Chaves. - 1. ed. - São Paulo : Aquariana, 2013.
    256 p. : il. ; 21 cm.

Inclui índice
ISBN 978-85-7217-172-4

1. Azevedo, Téo, 1943-. 2. Compositores - Brasil - Biografia. I. Título.

13-06653   CDD: 927.8164
                         CDU: 929:78.067.26

29/10/2013   31/10/2013

Direitos reservados:
Editora Aquariana Ltda.
Av. Mascote, 1568 – Vila Mascote
Cep: 04363-001 – São Paulo / SP
Tel.: (11) 5031.1500 / Fax: 5051.3462
vendas@aquariana.com.br
www.aquariana.com.br

SUMÁRIO

Apresentação, 9
Téo Azevedo no Sertão Roseano, 11
Nossa terra, 13
Pires de Albuquerque, 15
"O belo de Alto Belo", 17
Téo Azevedo e suas raízes, 18
Lembranças do passado, 20
Música como herança, 22
Geraldo Magalhães, 25
"Flor de Maio", 33
Infância e juventude, 35
Encontro e parceria com Luiz Gonzaga, 36
"A peleja de Gonzagão *versus* Téo Azevedo", 42
"Meu orgulho é ser vaqueiro", 44
Voltando no tempo, 44
Filhos das andanças, 49
Os caminhos da música, 56
Prêmios e homenagens, 60
"Esteio do Cerrado", 62
"O Rei do Pequi", 64
"Téo Azevedo, violeiro do Cerrado", 67
Da eternidade da poesia, 69
"Faculdade Sertaneja", 70
Movimento dos Repentistas em São Paulo e Minas Gerais, 71

- Repentismo, 71
- O Repentismo no Brasil, 72

Um gênio do povo, 76
Zé Coco do Riachão, 80
RECORDANDO por Reivaldo Canela, 84
Importância da Associação dos Repentistas, 90
"Folia de Reis de Alto Belo", 93
Origem da Folia, 94
Religiosidade popular, 98
História de Izildinha, a Menina Santa, 100
Lenda do Padre Zé Vitório, 104
Literatura de cordel eternizando os fatos, 108
"O cordel de João Chaves", 109
"Brasília, cidade da esperança", 113
"Vida de Juscelino Kubitschek", 119
"Ruy Muniz, uma história de sucesso", 150
As profecias de Téo Azevedo, 156
"100 Anos de Mazzaropi" (o Jeca Caipira), 160
"Cordel do Ivan da Silva Guedes, 173
Catrumano, 177
Relato de Téo Azevedo sobre seu conhecimento da palavra "Catrumano", 178
- Movimento Catrumano, 180
- Invasão Catrumana no Palácio da Liberdade, 181
- O governador cantor, 182
- Interpretações do Catrumano, 184

"Coco da Glória Catrumana", 187
Caipira, 190
- A viola caipira, 193
- Ludovina e Helena Meirelles: A força da mulher na viola, 197

"Abecedário Catrumano", 198
Téo Azevedo canta na Assembleia Legislativa de Minas Gerais (Nova Invasão Catrumana), 199
Aos amigos de Alto Belo, 203
Vida, verso e viola em imagens, 205

APRESENTAÇÃO

A vida de Téo Azevedo é um livro. Partindo desta constatação óbvia, não adiantarei aqui detalhes de sua trajetória, pois isso já foi feito, e muito bem, pela escritora e historiadora Amelina Chaves. Téo é uma daquelas figuras que, por mais rodagem que tenham, não tiram o sertão de dentro de si. Sua poesia, para pegar de empréstimo uma expressão de Sílvio Romero, o grande polígrafo sergipano que deu o impulso inicial para os estudos do folclore no Brasil, é "água de cacimba". A maneira com que lida e difunde as coisas do povo de sua região, o norte mineiro, e de outros Brasis, faz dele um ser um ser humano especial.

É difícil, no entanto, escolher, dentre tantas facetas que abraçou, aquela que melhor o define. Cantor, compositor, poeta, produtor musical, folclorista de rara intuição. Cantador dos palácios e das palhoças. Rapsodo caboclo que empunha sua viola nas romarias desse Brasil de Manoel da Nóbrega e José de Anchieta. Revelador de histórias fascinantes, como a da menina Izildinha, a menina santa, e a do padre Zé Vitório, que tombou vítima de uma bala de ouro. Descobridor de tesouros, como Zé Coco do Riachão, consagrado aos Santos Reis desde o primeiro dia de vida. Zé Coco fazia parte desse *Brasil puro* — título, aliás, de seu primeiro disco, produzido por Téo — que aos poucos vai recuando ante a marcha inclemente do tempo.

Saudamos, pois, essa publicação que, lançada em 2013, celebra os 70 anos de vida do violeiro Téo Azevedo, mas, certamente, não se restringe à data comemorativa. Como livro de referência, será sempre leitura agradável e fonte de pesquisa sobre a vida e a obra de um artista que é o próprio retrato de um Brasil que não pode desaparecer.

Marco Haurélio

TÉO AZEVEDO NO SERTÃO ROSEANO

Escrever sobre o poeta Téo Azevedo é como falar deste universo chamado sertão onde tantos outros tentaram mapear, e esmiuçar suas raízes. Foram escarafunchando os quatro cantos que compõem este mundão chamado Gerais.

Assim fizeram Guimarães Rosa, Graciliano Ramos, Euclides da Cunha e outros. Cada um pegou um pedaço preferido para catar e somar o saber.

Téo Azevedo fez o oposto dos mestres. Situou sua pesquisa no seu mundo de origem foi em busca do infinito desconhecido, ciente da fonte onde nada se perde porque está além da percepção humana, por mais hábil que seja o pesquisador. Se for letrado, pior para ele. Para destrinchar sertão, é preciso nascer dentro dele, sentir os seus cheiros e gostos, comer na gamela e guardar os mantimentos nos balaios de taquaras e os remédios nas cumbucas. E mais: conhecer as raízes milagrosas que "curam todos os males", ouvir a benzedeira Zefa da Gameleira, lá do Sapé. Quando ela passa o ramo verde num vivente, a terra treme sob seus pés. Mas tenha certeza: isso só não basta. Tem que ouvir na madrugada o canto do bem-te-vi e, na calada da noite, o canto agourento do rasga-mortalha.

Tenho certeza que Téo Azevedo sabe disso tudo. Ele já correu mundo. Conheceu terras e mares diversos, mas levou em seu pensamento o sertão, medido e contado, palmo a palmo, porque nunca fugiu às suas origens, e não tem vergonha de ser chamado de matuto. Cursou a faculdade sertaneja e dela tem vários diplomas. Sua sabedoria e vivências ele traz grudadas na alma: é sangue que corre nas suas veias.

Sertão para ele é estigma, é destino e prece a cada amanhecer. Sertão é ferida que sangra, é amor que cura as mágoas. É desse mesmo sertão que brotaram suas canções e poesias como frutos adocicados de poeta nato, escolhido por Deus para cantar e louvar o sertão nosso de cada dia.

Téo mastigou, lentamente, as palavras dos ditados inventados pelo povo, buscou na fonte cristalina da sabedoria popular o meio de sobrevivência doado a todos pelo Criador. Mergulhou fundo nos ranchos simples e lá encontrou a fé pura, como fonte de vida, e cantou no presépio feito de barro pelas mãos habilidosas dos artesãos. Agradeceu e louvou os santos de devoção, sapateou nas salas de chão batido, até levantar poeira. Alegrou nosso povo "miúdo", sofrido, esquecido. Assim viveu uma vida, uma história fantástica, que, no futuro, vai parecer um conto de fada...

Para finalizar esse texto à guisa de apresentação, basta dizer: viva Téo Azevedo, o Cantador de Alto Belo, Patrimônio de Minas Gerais e do Brasil!

NOSSA TERRA

Minha terra tem palmeiras
Onde canta o Sabiá;
As aves que aqui gorjeiam
Não gorjeiam como lá.

Gonçalves Dias

Assim olhamos a nossa terra... A infância é o momento mágico de nossa vida. Estamos em construção. Em volta tudo é belo, somos ricos de sonhos e utopia. Toda comida é gostosa, farinha com rapadura, os roletes de cana são os mais doces do mundo, porque são triturados com dentes fortes; corremos descalços pelo capinzal, sem furar os pés, toda a emoção é válida. Nossa terra pode não ter palmeiras, mas o sabiá canta nas laranjeiras, e foge da gaiola e as meninas cantam cantigas de roda que dizem:

> Sabiá da gaiola fez um buraquinho,
> Voou... voou...
> A menina que gostava tanto do bichinho,
> Chorou... chorou...

De quem seria esta música? Pouco importa, versos simples inventados onde? Quando? Não sabemos porque não nos preocupamos com rimas, estética, métrica – palavras inventadas pelos letrados para complicar a poesia que nasce espontânea e livre como a brisa e as flores que brotam em cada primavera e no aboio cristalino do cantor de Alto Belo, homem-terra, fruto da natureza criado por Deus... Cantamos sem compromisso. Tudo tem o esplendor da juventude e da grandeza de sermos crianças. Toda beleza está dentro de nós! Menino travesso, teimoso, malcriado.

Eu venho de uma vila pobre, trazendo na alma o sonho de ser escritora, Téo Azevedo cresceu, trazendo pendurado no ombro um embornal carregado de sonhos de ser cantador e projetar sua aldeia em prosa e versos por quê? Lá é o lugar mais bonito do mundo. Assim é Alto Belo, nome criado pelo poeta Téo Azevedo.

De repente, alguém ao ler estas páginas perguntará:
– Onde fica Alto Belo? Como todas as vilas do sertão nascem por acaso...

Entrada de Alto Belo. Travessia da linha férrea.
À esquerda, casa de Jorge, à direita casa de seu Zezinho Pucinho.

PIRES DE ALBUQUERQUE

Distrito do Município de Bocaiúva. O nome Primitivo era Rio Verde, aí foi inaugurada a estação da rede ferroviária federal (Central do Brasil), fato que aconteceu no dia 1º de Setembro de 1925. Como é de costume, o povoado cresceu em torno da estação, recebendo posteriormente o nome de Pires de Albuquerque em homenagem ao engenheiro Manoel Pires de Carvalho Albuquerque que era o subdiretor interino da Sexta Divisão da Ferrovia na época. A lei 1.039, de 12 de Dezembro de 1953, criou ali o distrito com território desmembrado do distrito de Bocaiúva.

(Texto do *Dicionário histórico-geográfico de MG*. Valdemar de Almeida Barbosa, p.365.)

A rede ferroviária foi o poder da nossa região, várias e promissoras cidades cresceram em volta das estações. Os moradores construíram a igreja bem no alto, e da estação férrea a vista é privilegiada. Uma paisagem belíssima, que despertou o sentimento do filho da terra, Téo Azevedo, levando-o a criar o nome de Alto Belo, que caiu muito bem e foi aceito por todos os moradores. Mais tarde passou a ser festejado todos os anos, com uma grande festa de São José, o padroeiro.

Pessoalmente, convivi com a rede ferroviária, meu marido, Almir Chaves, foi chefe do setor de segurança da ferrovia, vi todas as cidades nascerem em torno das estações, todo o benefício oferecido pela presença da rede de transporte. Alto Belo fica distante de Montes Claros, 45 km, de Bocaiúva, 25 km. Por essa estrada encontramos duas serras: a Serra do Caris e a Serra da Jandira. No último censo, Alto Belo tinha população com cerca de 1.200 pessoas na zona urbana e, somada às comunidades rurais, um total de 3.000 habitantes. Vila simples, bem interiorana, não tem rede de esgoto, nem água tratada, somente poço artesiano. A religião predominante é o catolicismo, o povo é alegre, cheio de crenças, acredita nas suas lendas que contam com um folclore vivo e cultuado. Os mais velhos são sábios, têm sua própria filosofia de vida, sabem que Deus é o único motivo de tudo; gostam de contar causos do sobrenatural. São solidários e de uma bondade infinita. Tanto que é uma região muito pobre, mas ninguém passa necessidade. Tudo é dividido fraternalmente. O sistema político é muito forte, mas não consegue ofuscar a boa vontade dos moradores nem a amizade, no caso de qualquer emergência todos se juntam em torno de quem precisa de socorro.

Téo Azevedo, um defensor da cultura regional, fez a sua vila ser reconhecida pelo Brasil afora. A vila se tornou famosa pela festa de Folia de Reis. Grandes nomes da cultura nacional já participaram da festa que acontece no final de janeiro de cada ano. Além de pôr em evidência a cultura local, conta com seu rico artesanato, que mostra os fabricantes de viola e outros instrumentos. Há os mestres de mãos habilidosas, como Sinval de Gameleira, João de Bichinho, Tozinho Pimenta, Marimbondo Chapéu e outros – suas mãos calejadas deslizam na madeira, como se fosse de seda.

Assim canta Téo Azevedo:

O BELO DE ALTO BELO

O belo de Alto Belo
É sua simplicidade,
A grandeza do seu povo
É viver sem vaidade,
Não se iludir com besteira
Do povo lá da cidade.

O belo de Alto Belo
É o som de uma viola,
Uma sanfona pé de bode,
Tirar verso da cachola.
Uma rebeca choradeira,
O som de uma cantadeira,
Um calango do embola.

O belo de Alto Belo
É sentar numa calçada,
Contar causos sertanejos,
Ir até de madrugada,
Uma seresta campeira,
Uma cachaça curraleira,
Comer carne bem assada.

O belo de Alto Belo
É a chuva no cerrado,
Sentir o cheiro da terra
Quando o solo é molhado.
Colheita vem com fartura,
Um café com rapadura,
Meu repente improvisado.

Ele canta sua terra, vila simples e pequena, mas que motivou sua arte e as lembranças que guarda no coração. Um amor incondicional pelo seu pedaço de chão.

TÉO AZEVEDO E SUAS RAÍZES

Ao adentrar o rico patrimônio da família Azevedo, faço uma reverência ao Criador, para clarear o meu pensamento. Como sempre digo: escrevo o que o coração manda. Muitos já escreveram sobre Téo Azevedo, com mais erudição, competência e alto nível intelectual. Mas duvido que alguém o faça com o mesmo carinho e admiração que eu. Por quê? Eu o conheço e convivi com ele e sua família todos esses anos desde a sua mudança para Montes Claros, onde logo se destacou de uma forma ou de outra na arte. Quantas serenatas ouvi na calada da noite na voz maviosa dos seus irmãos Antônio Augusto, José Neto e Beatriz Azevedo. Canções que acordavam em mim todas as paixões adormecidas.

Quero explicar ao leitor, quando cito no início o rico patrimônio da família Azevedo que não é feito de grandes fazendas, nem de faustosas contas bancárias ou de casas luxuosas. Falo de outra forma de riqueza, que não se compra nem se vende, pois é construída sob o pedestal da humildade e da dignidade, que proporciona paz e grandes amizades por onde passa, porque o nome é reconhecido. Além dos valores humanos e espirituais, vem ainda carregado pela arte na escrita e na música, dom que é recebido pelo poder maior para os escolhidos. Quantos gostariam de comprar uma bela voz, ou ter capacidade de criar belas canções de amor, mas nada é possível se não tivermos o dom divino. Esta é a riqueza a que me refiro, principalmente de Téo Azevedo, que jamais se preocupou em adquirir bens materiais. Sua cabeça sempre esteve ocupada com os sonhos de transformar a nossa arte num bem universal.

Moacir Azevedo (10/10/1936 – 10/11/1966) e José Egídio de Azevedo, irmãos de Téo.

LEMBRANÇAS DO PASSADO

Téo fala de sua infância em Alto Belo, com saudade porque é amoroso e está sempre fazendo uma retrospectiva. Mesmo com muita dificuldade, ele não esquece o seu passado.

Como vi Téo Azevedo pela primeira vez?

Corria o ano de 1970 (mais ou menos) e mudou-se para minha rua uma nova família. Parecia um povo simples. Eu via sempre a mãe, uma mulher morena, alta, cabelo amarrado em coque. Todas as tardes ela se assentava num banquinho na porta, pois morava num barracão de fundos. Certo dia, à tarde, quando saí à porta para olhar a rua, ela estava lá sentada fazendo o mesmo. De repente apareceu um jovem moreno, de cabelo bem ouriçado, calça xadrez boca de sino enorme, conforme se usava na época, aproximou-se e se abaixou junto à mulher, ficando quase de joelhos, segurou sua mão e ficaram conversando. Eu fiquei curiosa e notei também que na mão do rapaz tinha uma pinta escura; o jovem era belo e vestia-se completamente diferente dos rapazes da rua. Assim que ele saiu não resisti e perguntei a uma vizinha quem era aquele moço diferente. Ela, admirada, disse:

– Ele é filho de Dona Clemência, nossa nova vizinha, mora em São Paulo e é artista de televisão. Veio visitar a sua mãe. Deslumbrada com aquela figura diferente, comentei com meu marido que chegou em seguida. Falei tanto da roupa do rapaz, que ele disse:

– Você se encantou foi com a roupa extravagante. Não dou uma semana pra você fazer uma igual pra um dos seus filhos.

Realmente, fiz uma calça xadrez para Mirim e ouricei o seu cabelo. Ele ficou lindo... Só que um fato acabou com meu sonho: quando fomos num passeio em Janaúba. Chegando lá, uma senhora perguntou:
– Menino, você é do circo que chegou à cidade?
Foi motivo de muita graça. Quando voltamos a Montes Claros, Almir, meu esposo, mandou cortar o cabelo do menino. Pena que não tiramos nem uma foto, tudo era muito difícil na época.
Voltemos a falar das raízes familiares de Téo Azevedo, hoje um artista reconhecido em todo Brasil. Téo nasceu no dia 2 de julho de 1943, no pequeno povoado de Alto Belo, distrito de Bocaiúva – local que traz a magia dos vales do rio Verde; São Francisco e Jequitinhonha, motivo de tantas poesias, Téo Azevedo fala de sua família com orgulho, pois do seu pai toda família recebeu a herança preciosa da música. Para quem ama a arte, esta é uma fortuna incalculável que não se compra por mais rico que se seja.

MÚSICA COMO HERANÇA

O avô de Téo Azevedo chamava-se José Egídio de Azevedo e nasceu em Itamarandiba (MG) em 1º de Setembro de 1872. Por ser um exímio ferreiro apelidaram-no Juca Ferreiro, profissão muito valorizada na época das tropas, em que todo transporte era carregado no lombo dos burros. Juca, pela longa prática, era mestre no seu ofício. Era casado com Antônia Alves de Abreu, e desta união nasceram dezesseis filhos. Os primeiros nasceram em Bocaiúva, e uma parte dos mais novos nasceram na fazenda do Cará, região de Carbonita, no Vale do Jequitinhonha. Contam os mais velhos que sua habilidade em manejar o martelo e a bigorna era excepcional. Um grande dono de tropa da época, o senhor Jaime Rebelo, pai de Toninho Rebelo, prefeito de Montes Claros, encomendou a Juca Ferreiro uma foice para levar para Portugal, para os seus patrícios. Os portugueses gostaram tanto que a ferramenta foi patenteada com o nome de Foice Montes Claros. Era um modelo bem diferente do tradicional. Conforme os entendidos, o modelo possuía um bico que facilitava os trabalhos ao roçar o mato. Apesar da vida simples, era criativo e desenvolvido na profissão escolhida. Juca Ferreiro faleceu no ano de 1985.

Voltando às raízes da cultura, esta quando plantada em terreno fértil, cresce, floresce e dá bons frutos e permanece viva pelos séculos vindouros. Assim aconteceu com os Azevedo. Todos seguiram a trilha deixada pelo velho Juca Ferreiro.

Teófilo Izidoro de Azevedo, pai de Téo Azevedo, herdou de Juca Ferreiro o gosto pela música. Téo Lembra com saudade quando em altas horas a viola afinada trinava na porta. Em Alto Belo ele e os irmãos eram acordados por sua mãe dona Quelé para receber a folia. Seu pai, ainda jovem, já fazia parte dos festejos... Era mestre na viola, tocava com maestria de longa prática. O fato mais interessante é que ele tinha um braço só. Perdera o braço direito num acidente, durante uma caçada na fazenda Jacaré, na região de Lagoinha (Bocaiúva). Numa distração, a espingarda, cartucheira de dois canos, disparou no seu braço causando uma grande perda, fato que o levou a ser apelidado de *Tiofo o Cantador de um braço só*. Mesmo com esta limitação, ele nunca abandonou a sua viola. Adaptou-a à sua deficiência e prosseguiu na arte. Tornou-se uma figura lendária e respeitada por todos que o conheciam. Principalmente pelo seu filho Téo Azevedo, que seguiu seu exemplo e, desde muito cedo, embrenhou pelos caminhos da música.

Entre as lembranças de Téo guardadas no fundo de sua alma, ainda muito vivas, estão aquelas em que, ainda pequeno, por volta de 1946, já acompanhava seu pai nas cantorias e Folias de Reis. Entre os músicos que acompanhavam seu pai, merecem destaque o seu amigo Godencinho Taboca um baiano cantador de coco, que morava na região; Paulo Maia, sanfoneiro; Chico Betinho; Donero Preto; João de Adão, e outros que se perderam na memória do tempo. A cantoria começava sempre aos sábados, às cinco horas da tarde e só terminava na manhã do dia seguinte, era a única diversão do lugar. O menino Téo ficava num cantinho ouvindo e reparando o movimento dos dedos dos adultos na viola e achava bonito porque já trazia na alma o dom.

Os fatos mais marcantes daquela época para ele são as lembranças do pai. Ele possuía vários instrumentos, que eram guardados na dispensa da casa onde Téo nasceu. Quando seu pai saia para trabalhar recomendava à mãe para não deixar ninguém mexer nos seus instrumentos. De tanto olhar os violeiros, ele já sabia colocar os dedos nas cordas na posição certa. Certo dia, estava no quarto mexendo na viola, seu pai voltou mais cedo de surpresa! Ao ouvir alguém arranhando as cordas de sua viola. Entrou muito bravo:

– O que está fazendo aí menino? Cadê sua mãe que não está vendo isto? Téo levou um susto e começou a chorar. Sua mãe apareceu, tentando amenizar as coisas:

– Tiufim, não tá fazendo nada demais!

E Tiofo disse:

– Pega a viola, tenta tocar.

E Téo relata:

– Eu peguei direitinho, igual a gente grande. Ele ficou tão admirado, que nunca mais reclamou. Nesse dia nasceu mais um violeiro, quando ele viu o meu interesse, passou a me ensinar.

Téo conta que seu pai era um grande caçador e exímio atirador, caçava codorna e outros animais para prover a alimentação, naquele tempo a caça era farta.

GERALDO MAGALHÃES

Conta Téo que o extraordinário jornalista Geraldo Magalhães tinha pelo seu trabalho, e por sua pessoa, uma verdadeira admiração. Segurava sua mão e o conduzia para conhecer os grandes nomes da música, arte e poesia. Entre estes nomes Drummond de Andrade. Quando ele conheceu o Geraldo, corria o ano de 1968. O jornal *O Debate* promovia a festa *Os Melhores do Ano*, de 1968, evento que era coordenado pelo colunista social Gerson Evangelista auxiliado pelo empresário Canela, na sede do Cruzeiro Esporte Clube. Na ocasião, Téo foi homenageado como o melhor compositor mineiro do ano. Aproveitando a oportunidade, Téo levou um vasto material literário de sua autoria. Tudo muito artesanal: algumas poesias de seu pai em folhas soltas, alguns folhetos de cordel, pois ainda não possuía nenhum livro editado. Ele via o momento certo de estar com grandes personalidades das artes em geral. Na festa ele fez uma pequena apresentação com a viola. Dedos leves direcionados pelos anjos da música, o som sertanejo agradou em cheio. Como está escrito: "Tudo tem seu tempo determinado".

Naquele momento, Geraldo Magalhães pediu ao Gerson para lhe apresentar Téo Azevedo. Ficaram amigos. A conversa foi rolando sobre tudo, principalmente arte. Geraldo ficou impressionado com os versos de improviso. Téo passou para ele todo o material disponível. Dias depois, para surpresa de Téo, ele ligou dizendo que ficou encantado com sua poesia. E iria buscar todos os meios de divulgar e tornar conhecido seu trabalho. Passados alguns meses, ele voltou a ligar dizendo que havia entregado ao poeta Carlos Drummond de Andrade, em mãos, muita coisa de Téo que estava com ele. O poeta leu tudo e disse que estava encantado, mas o mais interessante foi *A vida de Tiofo, o cantador de um braço só*, rascunho do livro no formato de *Zé Limeira, poeta do absurdo*, de Orlando Tejo, mais tarde publicado.

Mineiro sabe esperar. Até que um dia Geraldo ligou para Téo dizendo que tinha marcado sua ida ao Rio de Janeiro para um encontro com o poeta Drummond, que morava na época à Rua Conselheiro Lafaiete nº 60, Copacabana. Numa teimosia que só o sertanejo sabe ter, Téo partiu de Belo Horizonte à noite, na manhã seguinte, pegou um ônibus, para Copacabana. No outro dia, às sete horas da manhã, ele já estava na porta do prédio onde o poeta morava. Conversou com o porteiro, que avisou que o poeta sabia da sua vinda, e pediu para esperar na portaria, pois Drummond desceria para sua caminhada matinal, feita sob recomendações médicas. Ao descer, cumprimentou Téo e deu parabéns pelo trabalho, dizendo ainda que gostaria de ter conhecido o seu pai. O inesperado foi o pedido que Drummond fez a Téo, para acompanhá-lo na caminhada, pois queria conversar. Foram conversando pela calçada, até que Drummond pediu para contar causos e versos do seu pai. Téo observou um hábito do poeta maior: em alguns momentos ele ria, e colocava a mão esquerda na boca, para esconder a risada, isto quando contava um verso apimentado. A caminhada durou uns 40 minutos. Quando chegaram à portaria, ele pegou um guardanapo que estava no bolso e escreveu um poema com o título *Viola de bolso*. Em seguida, entregou-o a Téo dizendo:

– Isto é a cara do seu pai! – e perguntou se Téo estava precisando de alguma coisa, se Geraldo tinha deixado tudo certo. Em seguida, pegou um papel dobrado e colocou no bolso da camisa de Téo. Agradeceu a visita, despediu-se, desejando-lhe boa sorte e subiu para seu apartamento.

Téo retornou para a rodoviária para pegar o ônibus de volta, tirou do bolso e abriu o que imaginava ser um bilhete. No papel, uma surpresa: algumas cédulas! Geraldo tinha avisado para não cobrar nada do poeta, que todas as despesas eram pagas por ele. Mas ele só viu o dinheiro depois e não tinha como devolver. Chegando a Belo Horizonte, contou ao seu amigo o encontro e o acontecido. Geraldo, muito feliz, contou a Téo que Drummond já tinha ligado dizendo que gostou muito do encontro e pedia desculpas por não tê-lo convidado para subir, mas sua esposa ainda estava repousando. Ele já sabia que o poeta era muito sistemático. Esquisitices da arte.

CARLOS DRUMMOND DE ANDRADE

Rio de Janeiro, 17 de abril, 1981.

Prezado Téo Azevedo:

Com atraso (desculpe!) aí vai o meu aboio de agradecimento pela oferta generosa de seus discos e de seu cordel. Curti muito as saudades mineiras que essa música me despertou. Parabéns pelo belo trabalho, Téo! Abraços de
Carlos Drummond de Andrade

Assim, o poema *Viola de bolso* foi musicado por Téo em 1969, mas só foi gravado em 1978 pela gravadora Colonial no vinil, intitulado *Brasil, terra da gente*. Neste mesmo ano, enquanto divulgava este disco em Belo Horizonte, Téo reencontrou o jornalista Geraldo, que lhe disse:
– Prepare-se que hoje à noite vou te levar a uma reunião muito importante, só de intelectuais.

Lá, Téo fez uma rica apresentação com mais de duas horas de cantoria. Entre os presentes estava o escritor Paulo Mendes Campos, e outros que Téo não guardou na memória. Téo relembra:
– Em todas as oportunidades, ele me levava aos lugares para mostrar meu trabalho.

Só para o governador Magalhães Pinto, Téo cantou muitas vezes. Geraldo, um amigo que buscou sempre ajudar, abriu muitas portas nessa difícil empreitada, que é arrancar do nada uma carreira, porque o artista tem certeza que ela existe e pode viver da sua vocação. Assim é Téo Azevedo.

O poema *Viola de bolso* foi gravado e musicado por Luiz Cláudio. Esta foi uma das maiores investidas do poeta Téo Azevedo na música, que não imaginava que sua grande trajetória estava apenas iniciando.

Mas voltemos às suas raízes...

Téo Azevedo é integrante de uma família de nove irmãos, sendo que os dois primeiros, gêmeos, morreram cedo, ficando sete. São eles: Maria Flor de Maio (21/01/1932 – 5/11/1970), José Egídio de Azevedo Neto (13/09/1935 – 29/06/1910), Moacir Azevedo (10/10/1936 – 10/11/1996), Antônio Augusto (11/09/1940 – 15/10/1983), Téo, Arnaldo e a caçula Beatriz Azevedo, da qual falarei mais adiante.

O pai de Téo Azevedo, por vir de uma região onde o trabalho era garimpo, saía sempre com sua tropa para garimpar cristais em locais distantes. Assim, ficava muitos meses fora de casa. Para quem não conhece essa atividade, explico: o garimpo é como uma loteria. Uma busca do invisível. Quando se tem sorte e encontra um filão, vem junto muito dinheiro. Se não, as despesas são muitas: mantimentos, camaradas para ajudar no serviço pesado. O Brasil, no tempo em que os descobridores aportaram em nossa terra, possuía muitas riquezas, mas foi tudo saqueado e levado para outras terras. Para os pobres brasileiros, deixaram apenas os sonhos de encontrar uma fortuna entre as pedras.

Assim, após muitas tentativas, seu Tiofo desiste de tentar sustentar a família com o ofício de garimpeiro, e as dificuldades só aumentaram. Mudou-se. A família se mudou para Alto Belo no dia 15 de Novembro de 1937. O pai de Téo veio trabalhar como procurador fiscal da Prefeitura de Bocaiúva, onde permaneceu no cargo até o dia 22 de abril de 1938. Os seus últimos filhos nasceram nesta cidade. Tudo indica que seu Tiofo vivia em busca de melhora. Em 1950, ele saiu de Alto Belo, indo morar na fazenda Santa Terezinha, em uma localidade chamada Aracaí, região de Tupã, interior paulista. As mudanças se davam na tentativa de encontrar melhores condições de trabalho na agricultura. Levou consigo seu filho mais velho, José Mauro. A esperança movia as buscas.

Segundo Téo Azevedo, um ano depois, seu pai voltou a Alto Belo cheio de entusiasmo para buscar a família. A lavoura era promissora e chovia muito. Juntou tudo e voltou para São Paulo, com todos amontoados num famoso trem baiano...

As condições de viagem eram péssimas. O trajeto era demorado e o trem não possuía nenhum conforto. Na segunda classe, onde viajavam, os banheiros eram imundos e o mau cheiro tomava todo o ambiente. Seu pai, devido à falta de higiene do trem, contraiu febre tifóide, na época de difícil o tratamento. Ao chegar a São Paulo, foi mandado para o isolamento. Até os médicos e enfermeiros tinham medo da contaminação. Existia um grande preconceito sobre essa febre, várias pessoas estavam doentes, o quadro era lastimável. O local de confinação parecia um campo de concentração, tamanho o sofrimento dos pacientes.

Os assistentes sociais encaminharam o restante da família para a região da lavoura, onde estavam os irmãos mais velhos de Téo. Na época, ele devia estar com sete anos de idade. Mas, no seu coração, tinha certeza que nunca mais veria seu pai. As notícias eram muito difíceis.

Meses depois, a família recebeu uma carta avisando que seu Tiofo tinha morrido. Essa carta chegara com um mês de atraso. Téo lembra que estavam na roça, quando sua irmã Maria Flor de Maio chegou desesperada com um papel na mão gritando:

– Pai morreu! Pai morreu!

Foi uma agonia longa. O pai de Téo morreu em 1951, na capital Paulista, na Casa dos Migrantes e foi enterrado como indigente. Fato extremamente doloroso para os filhos pequenos que jamais se apagou da memória de Téo.

A família ficou desnorteada. sem alternativa, venderam a roça por uma bagatela, para arranjar dinheiro para voltar para Alto Belo. A viagem de volta foi outro sofrimento: fome, miséria, frio, até que desceram na pequena estação da comunidade. A notícia se espalhou rápido.

De pé, da esquerda para a direita: Pedro Speyer Rabelo (Côco), Joaquim Gurutuba, Teófilo Azevedo, Adelino Alves da Cruz, Geraldo Correia, Antônio Alves da Cruz, João Soares (Xim), Antônio Alves. *Assentados, da esquerda para a direita*: Antônio Pinheiro Bastos, Marcos Caldeira Brant, Sebastião Meira, Oswaldo José da Costa, Dr. Geraldo de Araújo Azevedo, Romeu Barcelos Costa, Garcia (Agente), Gaudêncio Braga. Foto feita em 19-06-1947, Arquivo Memorial Otávio Pereira do Ó, Associação Folclórica São José de Alto Belo.

Num instante todos os amigos apareceram para ajudar. Não tinham mais terra, casa, nada...

Téo relata que um senhor chamado Adelino cedeu para eles um quarto até que arranjassem coisa melhor. Ali estava Dona Quelé com seus sete filhos. O povo solidário tentava fazer o melhor possível para amenizar as dificuldades. De repente, a mãe de Téo resolveu mudar-se para Bocaiúva. Só que foi muito pior, e veio mais sofrimento. Resolveram novamente mudar-se, agora para Montes Claros. Dona Clemência alugou uma casa na rua circular, subindo a Melo Viana: casa pequena, de apenas um quarto, sala, corredor e cozinha.

Com muito sacrifício, conseguira comprar uma cama de casal usada e um colchão de capim, que era usado na época, com o que restara do pouco que trouxe de São Paulo. Com duas cobertas (chamadas seca-poço) teriam com o que se embrulhar nas noites frias. Dona Quelé e mais seus sete filhos, nas noites gélidas, era uma luta: um cobria a perna, faltava para o outro, era uma briga pela coberta a noite toda.

Todos os irmãos de Téo estavam ligados à arte. Uns dedicaram-se com mais afinco, outros partiram para profissões mais sólidas. Os dons artísticos foram a grande herança! Tratarei um pouco sobre estes aqui. Iniciarei com Maria Flor de Maio, uma mulher de rara beleza, porte altivo. Quem a conhecia ficava encantado. Ela morreu muito cedo, no esplendor de sua juventude, mas é guardada na lembrança de todos com saudade.

Na vida de Téo Azevedo a poesia está presente em todos os momentos, os alegres e os tristes, como em qualquer existência. Mesmo sentindo falta da sua querida irmã, a poesia brotou do fundo do seu coração. Junto ao grande companheiro Tom Andrade a canção dolente tomou espaço e viveu. Eis a homenagem:

FLOR DE MAIO

No jardim do meu amor
Uma linda Flor de Maio
Enchendo a vida de alegria,
Pois ela se faz amada.
E foi por Deus abençoada.
A flor mulher,
Um querubim de luz.

No jardim do amor cresceu
Mimosa Flor de Maio.
Desabrochou na primavera,
Ela se fez estrela
E no céu posso vê-la
A iluminar
As noites do meu sertão,

Mas tão cedo ela se foi
E depois se fez anjo de luz.
O amor puro de um poeta
Que hoje chora de saudade.
A linda Flor de Maio
Está voando nas asas do vento.
E dentro do meu coração
Morando no meu pensamento...

Já Beatriz Azevedo, a caçula da família, é querida por todos, mulher bela e generosa, faz parte do Grupo de Seresta Lágrimas ao Luar. Tem vários discos gravados, na sua voz magnífica tudo se transforma em beleza, canções para acordar saudade.

Beatriz é casada com Wilson, e, como ela mesma relata com carinho, no marido encontra um verdadeiro companheiro. Ele também tem devoção pela família, é amigo incondicional de Téo como se ele fosse seu irmão. O casal tem apenas dois filhos. Dra. Fernanda Azevedo casada com o empresário Luiz Fernando e mãe de um gênio da viola, Rodrigo Azevedo, que acompanha Téo em todos os eventos. O tio e padrinho dedicam a ele um carinho especial pela sua grandeza musical. Beatriz tem pelo seu irmão uma verdadeira adoração; é sua confidente e faz o papel de mãe, apesar de jovem, sua bondade ultrapassa todas as barreiras. Ela criou um dos filhos de Téo, apelidado por todos de Teozinho, criou também outro sobrinho filho de Flor de Maio, Geraldo Tadeu. Sua alma sensível está junto de todos os irmãos e amigos em todos os momentos. Tem grandes amigos e admiradores.

INFÂNCIA E JUVENTUDE

Devido às dificuldades da época, Téo estudou só o primeiro ano. Tendo cursado apenas o primário, aprendeu a ler, escrever e contar, o que já era o suficiente para um homem de seu tempo. Faculdades só nos grandes centros. Téo ainda recorda sua primeira professora Dona Geralda de Ducho. Ela educava a criança com os deveres necessários para ser um cidadão digno. Ensinava a respeitar os mais velhos, a ser patriota e ter fé. A educação era muito diferente da atual. Téo foi um menino com sede de aprender, desenvolveu a leitura lendo placas de caminhão, gibis e outras revistas em moda.

Diferente das crianças de hoje, as de antigamente trabalhavam. Até menino rico participava das atividades da família, muito cedo. Aos oito anos, Téo aprendeu a ganhar seu próprio dinheiro, engraxando sapatos, lavando carros, carregando malas ou vendendo frutas na rua. Não era vergonha para os pais que a criança trabalhasse.

Aos nove anos, enquanto engraxava sapatos em Montes Claros, Téo chamou atenção de um vendedor ambulante, um pernambucano que vendia remédios na feira e chamava-se Antônio Salvino. Ao ver a desenvoltura do menino, ficou muito impressionado, pois enquanto trabalhava ele chamava a atenção dos fregueses fazendo versos de improviso. Sem hesitar, seu Antônio convidou o pequeno repentista para lhe auxiliar nas vendas. Daí o gosto de Téo pelas plantas medicinais e mais tarde o interesse em pesquisar sobre o assunto tão importante que é a natureza e as suas fontes de vida.

O menino cantador, vendedor de remédios, tornou-se um fenômeno. Sua função era chamar a atenção da clientela, que formava uma roda na praça pública para apreciar as modalidades dos versos entoados por Téo. Para prender mais a atenção da multidão, ele usava no pescoço uma enorme jiboia. Entre os improvisos, estava o desafio do calango. Essa atividade com o público foi peça fundamental para o desenvolvimento de seu talento, sua autoestima e sua afirmação como artista.

Com a idade de catorze anos, recebeu um convite de seu companheiro de feira para ir em busca de novas praças. Rumaram para a Bahia, a caminho de Feira de Santana, de carona num caminhão carregado de fardos de capim, cachos de banana, tanques de oxigênio e mais uma diversidade de cacos. Téo viajava no alto da carga quando aconteceu um acidente terrível, na região de São Gonçalo dos Campos, já na Bahia. Com ajuda de Deus Téo não sofreu nada grave, mas seu patrão fraturou a perna. Parou a cantoria e depois de três meses, a dupla se separou. Mas o menino inquieto não podia esperar mais. Seu destino estava traçado. Antônio Salvino foi para o nordeste e Téo ficou no norte de Minas.

ENCONTRO E PARCERIA COM LUIZ GONZAGA

Téo conta como conheceu o rei do baião e como ocorreu a parceria entre ambos. Em meados dos anos 1950, Téo ainda menino, quando trabalhava de camelô com o ambulante de ervas medicinais, estava em uma praça, na feira do mercado de Montes Claros. Era um sábado, quando eles vendiam o estoque do famoso *Elixir Longa Vida* – segundo a prescrição da bula, o xarope servia para todos os males –, adquirido pelo patrão de Téo, seu Antônio Salvino, que, ao saber que na farmácia do Dr. Plínio Ribeiro tinha um estoque encalhado do elixir, comprou a mercadoria, já contando com a habilidade de seu auxiliar. Téo Azevedo teria de vender os milhares de vidros de remédio em apenas três meses.

Foi durante essas vendas, quando Téo estava atraindo a atenção dos clientes com seus versos, que seu patrão lhe cochichou ao ouvido que Luiz Gonzaga estava assistindo na roda e disse que ele estava do outro lado da rua, apontando para ele. Naquela época, o Gonzagão, mais tarde tão famoso, fazia propaganda do *Biotônico Fontoura*, cantando nas farmácias das grandes cidades brasileiras.

Téo, com a cobra no pescoço, foi na direção onde Gonzagão estava. Ao se aproximar, improvisou alguns versos para ele, que ficou tão entusiasmado, que saiu de onde estava meio escondido e veio para a frente da roda. Nos versos, Téo ressaltou a grandeza do trabalho de Luiz Gonzaga.

Em sua afortunada memória Téo ainda se lembra de alguns versos daquele dia:

> Seu Luiz, muito obrigado,
> É grande a minha emoção
> Assistir o Téo Mineiro
> Fazendo improvisação,
> É um orgulho cantar
> Pro nosso Rei do Baião...

Téo relata, emocionado, que, ao terminar os versos, Gonzaga estava encantado, aproximou-se dele e lhe deu

10 mil réis, presente que era, na época, uma fortuna. Na ocasião, o rei do baião ainda lhe disse:

— Você será ainda um grande artista!

Foi assim, como uma peça do destino, que Téo Azevedo e Luiz Gonzaga se conheceram.

O tempo passou e Téo se encontrou novamente com Gonzaga em fins dos anos 1970, na rádio Inconfidência, na galeria do Edifício Dantes, em Belo Horizonte, no programa de Caxangá. Téo estava acompanhado de seu empresário Levi Freire, e relata sobre o encontro:

— Ele me reconheceu logo. Depois desse dia, nos encontramos mais vezes. Foram encontros rápidos e informais. Uma vez, no programa *Chapéu de couro*, de Jorge Paulo, na TV Bandeirantes; depois, no Largo do Paissandu, ele estava com seu irmão Severino Januário, e mais algumas vezes no Rio de Janeiro.

Restaurante "Recanto Goiano". Téo Azevedo comendo, Edinéu, Lindomar Castilho e Gonzagão. São Paulo, 1983.

Téo Azevedo explica que, ao citar tantas vezes Luiz Gonzaga, não é por acaso e nem o faz em louvor próprio, e sim porque acha que um dos grandes prêmios de sua vida artística foi o fato de conhecer de perto um artista do nível do velho Lua. As trocas que se sucederam a partir daí, conversas, ideias partilhadas, parcerias nas criações e a luta em comum para se firmar no cenário das artes, é que possibilitaram esse encontro feliz.

No ano de 1981, o compositor Venâncio, da dupla Venâncio de Corumba, convidou Téo para se encontrar com Luiz Bandeira, então produtor de Luiz Gonzaga. Era a oportunidade para Téo apresentar-lhe algumas músicas.

— Quando chegamos ao hotel, fomos muito bem recebidos pelo Luiz Bandeira, que, além de produtor era compositor famoso, autor de grandes sucessos, entre eles o samba *Apito do trem*.

Téo disse que mostrou para ele um arrasta-pé *Maria Cangaceira* (Maria Bonita), com letra e música de sua autoria. Pedro Bandeira gostou e disse que com certeza Gonzaga iria gostar e gravar. Dito e feito: Luiz gostou e gravou a música que entrou no disco *Eterno cantador* (RCA, 1982). Esse foi um marco para a sua carreira.

Essa parceria com Luiz Gonzaga abriu portas. Também, a partir daí, todas as vezes que ele vinha a São Paulo, ligava para Téo e pedia para se encontrarem e almoçarem ou jantarem juntos, o roteiro dos lugares ficava sempre a critério de Téo. Nestes encontros, Gonzaga sempre relembrava do menino de Montes Claros, com uma jiboia no pescoço. Téo o homenageou com um calango (verso em seis linhas) que falava das coisas do Nordeste e do norte de Minas. Desses encontros, Bandeira e Gonzaga, sempre elogiavam e demonstravam apreço pelo trabalho de Téo, resultando em outras gravações como: *Motivo do nome*, gravado no disco *Luiz Gonzaga: 70 anos de Sanfona e Simpatia* (RCA, 1983).

Segundo Téo, neste mesmo ano, seu Luiz encomendou a ele uma letra falando sobre Santa Luzia, que é a padroeira da visão, pois ele nascerá no dia 13 de Dezembro, dia de homenagem à santa, e que sua mãe Dona Santana pensava que teria uma menina, a qual se chamaria Luiza, mas devido ter nascido homem, ela colocou o nome de Luiz.

Ainda no ano de 1983 Téo narra um encontro:

— Certa noite, levei Luiz e Dona Helena, sua esposa, para jantar um peixe pintado na telha, uma especialidade do restaurante Recanto Goiano que fica na Rua Rocha, no bairro Bela Vista em São Paulo, o restaurante estava muito cheio, daí o dono, muito gentilmente, mandou preparar uma mesa especial para nós três; ele também era fã de Gonzagão. Enquanto esperavam servir o jantar Téo aproveitou para mostrar a letra para Luiz, tanto ele como Dona Helena, gostaram muito da poesia. Gonzaga, naquele instante começou a solfejar uma melodia para a letra, Téo achou maravilhosa e justifica que era na mesma linha ibérica de muitas músicas de sua lavra. Luiz lamentou a falta de um gravador, mas Téo o tranquilizou dizendo que já estava gravada no seu coração.

Depois desse dia, Téo conta que se encontrou novamente com Gonzaga e lhe entregou uma fita cassete gravada ao som da viola. Luiz afirmou que gravaria no seu disco.

Tempos depois, Téo ficou sabendo que ele estava gravando um disco na gravadora RCA, na Rua Dona Veridiana, Santa Cecília (SP). Foi até lá e pediu para falar com ele, mas não foi possível ser atendido, apareceu o João Silva, com o seu novo produtor Carlos André, e disse para Téo que na gravação não existia nenhuma música da autoria de Téo. Ele achou muito estranho. Não quis comentar, agradeceu, despediu-se e foi embora. Mais tarde, quando Luiz foi contratado pela gravadora Copacabana, o diretor Adiel Macedo e o produtor Enoque Gomes convidaram Téo para copilar do original da *Missa do Vaqueiro*, já gravada em Serrita, e fazer uma apresentação no linguajar dos vaqueiros nordestinos. Trabalho que não era comercial, nem para as paradas de sucesso, seria apenas um registro cultural antológico para ficar na história da cultura nordestina.

Téo fez para o grande parceiro e sanfoneiro uma poesia em louvor ao seu talento:

A PELEJA DE GONZAGÃO X TÉO AZEVEDO

Já corri trecho do mundo
Defendendo o meu enredo
Com a sanfona no peito
Não sou homem de ter medo
Na peleja do calango
Convido Téo Azevedo.

Seu Luiz estou pronto
Pra travar a cantoria
Mergulhar no meu sertão
No mundo da poesia.
Pontilhando minha viola.
Até nascer um novo dia.

Sou matuto nordestino
De guarda-peito e gibão
Precata e chapéu de couro.
De lidar com barbatão
A tristeza que aparece
Faço dela uma canção.

Meu esteio é o aboio
Quando brota o amanhã
No canto da araponga
Respondendo o jaçanã
Gorjeando o rouxinol
No lamento da cauã.

Sou sertão, sou pé de serra
Cantador e sanfoneiro
Eu sou o cheiro da terra
Sou rio e tabuleiro
Sou a fé no padre Cícero,
O santo do Juazeiro.

Eu sou filho de Tiofo
Que nos versos era arisco
Catrumano e violeiro
Ligeiro que nem corisco
Da banda Norte Mineira
Estado do São Francisco.

Sou filho de Januário.
Tocador de oito baixo
Sertanejo até na tampa.
Eita velho que era macho
Um poeta da sanfona,
Que nunca caiu do cacho.

Sou da terra do pequi
Da cachaça e do tutu
Do quiabo com galinha
Orapronóbis e angu
Do panã e surubim
Da farofa de tatu,

Sou da terra do jabá
Do guisado e da buchada
Carne de sol de dois pelos
Requeijão e umbuzada,
Jerimum, sarapatel
Macaxeira e coalhada.

Meu sertão tem cantilena
Do repente ao violeiro
Calango, lundu, guaiano
Marujada e seresteiro
Caboclinho e catopé
E Zé Coco rabequeiro.

Vamos parar o calango
Encerrar nossa porfia
Viva treze de dezembro
Dia de Santa Luzia
Luiz fez setenta anos
Com sanfona e simpatia.

Obrigado, Téo Azevedo
Um poeta sei que sois
Completei setenta anos.
No ano de oitenta e dois.
Dia treze de dezembro
Que não pode ser depois...

Sou da terra da embolada
Xote, baião e xaxado
Do trevo e maracatu.
Da novena e do reisado.
Coco, forro e rojão
E do repente improvisado.

Esta faixa antológica está no disco de 1983 RCA Victor *Luiz Gonzaga – 70 anos de Sanfona e Simpatia.*

Assim, Téo Azevedo segue seu destino de poeta e vaqueiro cantador. Como ele mesmo afirma nestes versos:

MEU ORGULHO É SER VAQUEIRO

Nas quebradas do sertão
Da caatinga ao tabuleiro
Do carrasco ao baixio
Do cerrado ao marmeleiro
Em qualquer lugar do mundo
Revelo a todo mundo
Meu orgulho é ser vaqueiro.

Não tenho inveja de nada
Do doutor ao garimpeiro
Não me importo com diploma
Nem dou bola pra dinheiro
Eu me sinto feliz
Já andei todo o país
Meu orgulho é ser vaqueiro.

Já amei tantas mulheres
E gastei tanto dinheiro
Na bebida e boemia
Já farreei o ano inteiro
Disso eu não me arrependo
E assim vou vivendo
Meu orgulho é ser vaqueiro.

Gosto do som da viola
E o toque do sanfoneiro,
Da carne de sol assada
E de um feijão tropeiro
Mas, o que enche o meu ego
Isso é coisa que não nego
Meu orgulho é ser vaqueiro.

Em hotel cinco estrelas
Já hospedei o ano inteiro
Desfrutando a mordomia.
E gastando muito dinheiro.
Mas, tenho grande emoção
Que enche meu coração.
Meu orgulho é ser vaqueiro.

Quando eu partir, não quero
Nem tristeza, ou choreiro
Eu só quero alegria
E o canto do boiadeiro
Numa placa o povo lendo
Esse aí morreu dizendo
Meu orgulho é ser vaqueiro.

VOLTANDO NO TEMPO

Aos 16 anos Téo Azevedo toma uma decisão drástica na sua vida, num voo de pássaro que o liberta para sempre do ninho. Pediu permissão a sua mãe e partiu de carona, novamente num caminhão carregado de algodão rumo a Belo Horizonte. Com um motorista chamado Geová. (Interessante! Téo não esqueceu o nome de seus companheiros de aventuras).

Nesta primeira arrancada em busca dos seus sonhos, ele lembra bem! Levava apenas a roupa do corpo, e o sonho de virar soldado do Exército Brasileiro. Viu que viver de arte era um sonho distante. Ao chegar a Belo Horizonte, o motorista já era seu amigo, e deu-lhe uma calça, uma camisa, sapatos usados e mais 5 mil réis para comer alguma coisa.

Téo foi direto ao batalhão e alistou-se como era de praxe, ficou ansioso à espera do chamado para ser aceito no serviço militar, era sonho comum de todos os jovens da época. Enquanto esperava, cantava nos bares, nas ruas da capital mineira. Chamava muita atenção e muitas vezes foi taxado pela polícia como vadio, conforme (o art. 171 do código penal), chegando a ser detido para prestar esclarecimento da sua verdadeira situação.

Entre os policiais tinha o sargento Machadinho, homem temido por todos. Téo foi preso várias vezes. Até que certo dia foi levado para o depósito de presos, em Belo Horizonte; sentia-se desesperado, não sabia o que fazer, não tinha a quem apelar. Há um ditado chinês que diz:

— O sofrimento faz o homem pensar! Téo pensou e declamou de improviso um poema para Lana Velho, o temido investigador-chefe de polícia, e o delegado de plantão de cujo nome ele não conseguiu lembrar.

Téo com sua voz rouca, vinda das profundezas da alma, começou a declamar. Imagino que era para ele mesmo dar um lenitivo para sua angústia pelo único crime de querer ser um artista... Os versos saíram pesados, engasgados, e regados a lágrimas.

Minha lira só toca poesia
O meu canto tem cheiro de cerrado
Me embrenho no improvisado
Esperando um novo dia.
Da tristeza eu faço alegria.
Minha paz é nascida de uma flor
Fui preso por Lana seu doutor,
Não matei, não atirei, não sou ladrão
Cantar foi minha inflação.
É um crime prender um cantador...

A rua está cheia de bandido.
O Brasil carregado de miséria.
Prender um cantador é uma pilhéria
Esse bardo do povo tão querido.
Poesia é meu mundo, meu partido
E eu canto o sertão com muito amor
Me dê liberdade por favor.
Não se pode prender um passarinho
Pois de versos é feito o meu caminho.
É um crime prender um cantador.

Os senhores perderam a razão
Dia e noite, lidando com bandido
O coração tem andado tão ferido
Que não sentem a poesia do sertão;

Meu canto tem cheiro do meu sertão
A poesia me fez lutador
Da poesia sou um defensor
Não tenho nenhum advogado,
Me defendo com verso improvisado
É um crime prender um cantador...

Ao terminar a sua defesa em versos, os presentes estavam pasmos, outros chorando de emoção, Téo também ficou emocionado com a leveza dos seus versos. A partir daquele dia a batalha estava apenas começando. A polícia não o perseguiu mais, podia promover sua arte à vontade, mesmo assim as dificuldades eram muitas, não tinha morada fixa, muitas vezes dormia nos bancos da praça, na rua passava frio e fome, mas a teimosia de buscar seu destino não largava da sua busca.

 Certo dia, por acaso, encontrou Expedito, velho conhecido de Montes Claros, que, vendo sua situação, lhe estendeu a mão. Primeiro ensinou-lhe a pintar letreiros, em seguida deu-lhe um trabalho de pintar para-choques de caminhão e outras placas. Nesta lida ele conheceu o lutador de boxe Geraldo Silva, dono de uma academia no bairro Lagoinha, em Belo Horizonte. Passou a treinar numa profissão que jamais imaginou. Outro técnico conhecido como Baiano lhe ensinou todos os segredos da luta, e o convidou para morar na academia. Durante três anos treinou exaustivamente e foi para a competição. Seu corpo forte e bem proporcionado o ajudava a se destacar. Tornou-se tricampeão mineiro, além de ajudar seu treinador, lá permanecendo até meados de 1965.

 Um dia, Téo chegou à conclusão de que o boxe não era seu mundo e voltou a dedicar-se inteiramente, de corpo e alma, àquilo que o movia, sua arte. Decidiu que seria mesmo cantador repentista, compositor de músicas populares e produtor de discos. Nos fins de semana frequentava as casas noturnas em moda. Na época, Belo Horizonte tinha a vida noturna efervescente. Era o Elite, o Continental, e o famoso Montanhês. Nestas casas ele dava "canjas" procurava mostrar seu trabalho de todas as formas. Téo chegou a criar um estilo de dança de gafieira que até hoje é executada nos salões de baile da capital mineira. A dança foi batizada com o nome de *puladinho* por um amigo seu chamado Kalu, sambista e diretor da escola de samba *Inconfidência Mineira*, dirigida por seu irmão Conga. Até hoje, Téo tem a ginga do calango e do lundu, fato que o ajudou muito como dançarino. Os amigos Arlindo e Borges, fundadores do bloco de índios *Unidos do Guarany*, patrocinado pela Flora São Jorge, resolveram mudar o bloco para escola de samba com o mesmo nome e convidaram Téo, que ajudou na fundação desta que se tornou uma grande escola de samba da capital mineira. Até se mudar para São Paulo, em 1962, Téo era bailarino da escola de samba *Unidos do Guarany*.

Homem feito, parte para servir o Exército Brasileiro, na 4ª Companhia do Doze R.I. de Belo Horizonte. Acostumado ao trabalho duro, não teve dificuldades: foi ajudante de cozinha, garçom, e participou do batalhão especial de choque do capitão Luciano, onde terminou como corneteiro reserva, pois não havia vagas na ocasião. Após cumprir o tempo determinado, saiu do exército diretamente para o mundo musical. Entrou num conjunto de shows e bailes de Léo Batista e os embalados, entre os componentes estava o baterista Ely do grupo 14 Bis. Esta turma chegou a gravar dois discos compactos simples.

Em 1965, o cantador deixou este grupo e partiu para gravar pela primeira vez um disco de acetato no estúdio Discobel, do técnico Laurindo, da rádio Itatiaia. O disco trazia uma música de domínio público, muito conhecida em Minas Gerais, *Deus te Salve Casa Santa* (Cálix Bento). Téo criou nova melodia e acrescentou três estrofes de sua autoria, dando assim roupa nova à música antiga. Foram prensados trinta discos no sistema de acetato: cinco entregues às rádios de Belo Horizonte da época para divulgação. O restante foi vendido de mão em mão, um processo independente e alternativo de venda que já existia muito tempo atrás; Téo gravou neste sistema mais de 500 discos de artistas de vários gêneros.

FILHOS DAS ANDANÇAS

Chegamos a Téo homem feito, senhor do seu mundo musical, tropeçando nos espinhos da longa estrada, já conhecia muito do mundo da profissão escolhida; jovem cobiçado por muitas mulheres. O inevitável aconteceu: Téo tem seis filhos. Chegaram do inesperado, mas ele nunca renegou nenhum deles, todos são reconhecidos. E tratados com carinho e atenção.

A caçula das mulheres, Ana Claudia, nasceu em 19/07/2002 e Téo em sua homenagem fez a seguinte poesia:

ANA CLAUDIA

Minha querida Ana Claudia.
Que bom que você nasceu
Minha joia preciosa
Presente que Deus me deu
Eu já não queria mais
Ser pai em minha vida
Minha estrada foi tão longa
Já estou quase de partida.

Mas, você apareceu
Copiou minha feição
E assim que eu te vi
Me deu muita inspiração.
Flor morena do cerrado
Norte de Minas Gerais
Pedacinho do sertão
Das caatingas, carrascais.

Eu andava desligado.
Mas, descobri essa trilha.
Você me iluminou
Uma estrela maravilha.
Vou correr contra o tempo
Pra te dar todo o amor
No som da minha viola
De poeta cantador.

Publicado na *Antologia Literária: Academia de Letras Ciências e Artes do São Francisco* (ACLECIA-2003).

Os irmãos Ilana e Tiago

E NASCEU A ROSA ILANA, NO JARDIM FELICIDADE

(Mote de 7 sílabas que Téo fez em homenagem ao nascimento da filha do casal Carlos Felipe e Maria.)

Sou um poeta do sertão
Cantador e violeiro
No meu verso que é ligeiro
Canto com satisfação
Da roseira ao botão
Se enche de liberdade
BH foi a cidade
Numa terça da semana
E nasceu a rosa Ilana,
No jardim Felicidade.

Oito e trinta da manhã
Em dezoito de dezembro
Lindo dia ainda me lembro
Desta joia tão tranchã
Como canta a Jaçanã
No seu canto de verdade
Filipe matou saudade
Da espera engalana
E nasceu a rosa Ilana,
No jardim Felicidade.

A mamãe sorriu, chorou
O papai chorou, sorriu
Quando o véu lindo se abriu
E Ilana se libertou
Assim que ela chegou
Inocente e sem maldade
Mostrou sua identidade
Chorando querendo nana
E nasceu a rosa Ilana,
No jardim Felicidade.

A estrela brilhou mais
O céu ficou mais azul
Até o cruzeiro do Sul
Veio pra Minas Gerais
Ao longe nos carrascais
Um aboio de saudades
Do nascer de uma beldade
De inocência soberana
E nasceu a rosa Ilana,
No jardim Felicidade.

Uma chuva de otimismo
Com pingos de alegria
O nascer de um lindo dia
Com beleza e lirismo
Ela trouxe o brilhantismo
Para matar uma saudade
Meu verso só tem verdade
Que a saudade ela sana
E nasceu a rosa Ilana,
No jardim Felicidade.

A essência da pureza
No brilho do seu olhar
Que eu nem seu versejar
Diante dessa grandeza
Tudo isso é uma beleza
Que esse jardim invade
Maria falou verdade
Felipe foi tão bacana
E nasceu a rosa Ilana,
No jardim Felicidade.

Christian (15 anos) da dupla com Ralf, e Téo.

OS CAMINHOS DA MÚSICA

Retomando o fio do novelo da vida, voltamos ao ano de 1968. Téo Azevedo já estava bem situado no mundo musical. Começou a fazer abertura em shows, circos e praças públicas, junto ao repentista Caxangá, e os cantores Vicente Lima e Zé Brasil. E entre outras duplas: Toninho e Tonhão, Mineiro e Mineirinho, Sanica e Carijó. Enfim, seu trabalho foi reconhecido. Téo Azevedo recebeu o titulo do jornal *O debate* como melhor compositor mineiro do ano, o prêmio era conduzido pelo seu diretor Gerson Evangelista. Este foi o primeiro fruto colhido depois de tanta luta e amargura, perdas e danos.

O cantador de Alto Belo ainda não estava satisfeito, a busca estava apenas começando, queria mais; seu espírito inquieto e sua sensibilidade aguçada guardavam milhares de poemas e cordeis para serem escritos. Esta biblioteca interior pesava para ser carregada na memória. Então; tomou uma decisão drástica no ano de 1969, seguiu o exemplo do seu pai e partiu para São Paulo em busca da sorte.

Ao chegar à capital paulista, viu um universo novo, um desafio sem fim. Foi no bairro do Braz que ele aportou, lá tinha um grande movimento musical. Conheceu logo um cantador alagoano chamado Guriatã de Coqueiro, fizeram amizade e com ele Téo aprende o que faltava. Todas as modalidades da cantoria nordestina, juntos passaram a cantar nas feiras de artes na Praça da República, no centro da capital. Cantavam correndo bandeja, costumes dos cantadores do nordeste.

Conta Téo que nestas idas e vindas, chegou a cantar sextilhas com um cantor pernambucano que despontava, chamado Alceu Valença. Os seus folhetos ficam expostos na banca do conhecido cordelista Maxado Nordestino. Estava na nata da cultura nordestina, grandes nomes da poesia popular, entre estes o alagoano Antonio Deodato (Deodato Santeiro), Sebastião Marinho, Coriolano Sérgio, Pedro e tantos outros que dedicavam a vida à cantoria.

Ele com sua memória prodigiosa absorveu toda a sabedoria deste povo forte que buscava espaço para viver fazendo de São Paulo o celeiro das artes do Brasil. E na música, nas cantigas de improvisos amenizava a saudade da sua terra seca, mas era lá que estava enterrado o seu cordão umbilical, motivo que Téo também nunca esqueceu, os canfundó de Minas Gerais, nem o cheiro do pequi, nem o gosto do café socado no pilão pelas mãos calosas de dona Quelé.

Fixo em São Paulo, a cada dia ampliava mais o seu horizonte, conhecia e cativava com a sua simplicidade nomes famosos e amigos verdadeiros, entre eles a dupla, Venâncio & Corumba da qual se tornou grande amigo e admirador e mais tarde parceiro de Venâncio.

Téo é o compositor vivo com mais músicas gravadas no Brasil, mais de duas mil e quinhentas.

Entre os seus intérpretes estão: Luiz Gonzaga, Sérgio Reis, Cremilda, Tião Carreiro, Zé Ramalho, Cacau com leite, Tonico & Tinoco, Cascatinha & Inhana, Zé Coco do Riachão, Caju & Castanha, Milionário & José Rico, Banda de Pífanos de Caruaru, Christian & Ralf, Pimentinha, Fatel Barbosa, Genival Lacerda, Valdo & Vael, Dominguinhos, Fernanda Azevedo, Danilo Brito, Ruth Ely, Jair Rodrigues, Jackson Antunes, Beatriz Azevedo, Gedeão da Viola & João Pedro, Rodrigo Matos & Praiano, Biliu de Campina. Alguns parceiros do cantador, Patativa do Assaré, José Nêumanne, Jansen Filho, Taís de Almeida, Amelina Chaves, Braúna, Cândido Canela, Carlos Drummond de Andrade, Dedé Paraizo, Murilão, Perboaire Sampaio. Algumas de suas composições estão gravadas por intérpretes estrangeiros[1].

Ano de 1997, Téo em plena atividade teve a participação no seu CD *Blues Matuto* do saxofonista Bobby Keys, da famosa banda inglesa Rolling Stones. Ele interpreta uma música de sua autoria, *For Bobby Keys (Music and Life)*, com versão de Michael Grossmann. Neste mesmo ano, Téo teve outra música gravada pelo norte-americano Charlie Musselwhite, o maior gaitista de *blues* do mundo. *Puxe o fole, sanfoneiro, Dominguinhos tocador* numa versão do próprio Charlie. Dentro deste

---

[1] Informação de Sebastião Breguez. In: http//www. intercom.org.br/papers/nacionais/2005/resumos/R1953-1.pdf, acessado em 3 de março de 2013.

universo tornou-se o maior produtor musical do Brasil. Hoje está com mais de três mil discos produzidos. Essa experiência já dura 50 anos.

Participou do LP *Som Brasil,* de Rolando Boldrin.

Téo musicou para a Rádio *FM Cultura*, São Paulo, um especial sobre Guimarães Rosa que teve a participação do ator Lima Duarte e Sadi Cabral, direção de Taís Almeida Dias. Musicou e participou de dois programas especiais sobre o *Grande Sertão: Veredas* para a TV alemã. Neste especial para a TV alemã tive uma participação, a convite de Téo e muito timidamente arrisquei uma demonstração de lundu para os estrangeiros.

Em peças teatrais Téo Azevedo teve participação musical em *A Hora e a Vez de Augusto Matraca*, texto de Guimarães Rosa, com direção de Antunes Filho.

Em *Festa na Roça* de Martins Pena, encenado no teatro Célia Helena. Para o cinema, participou da trilha sonora do documentário: *Saudade do Futuro* para a empresa francesa Lateri Productions com Marie Clemente e César Paes.

Na TV, participou dos programas: Globo Rural, Flávio Cavalcante, Som Brasil, Faustão, Hebe Camargo, Jô Soares, Viola, minha viola, comandado por Inezita Barroso, ensaio, Comando da Madrugada, de Goulart de Andrade, TV Aparecida, Estância Alto da Serra, canal Rural.

PRÊMIOS E HOMENAGENS

Téo Azevedo tem recebido vários prêmios e homenagens entre eles: *O construtor do progresso*, entregue pelo vice-presidente da República José Alencar, e o título de Cidadão Honorário de Montes Claros (MG), projeto do vereador Deosvaldo Pena, aprovado por unanimidade pela Câmara em exercício. Foi indicado para o 14th LATIN GRAMMY de 2013 como produtor dos CDs *Salve Gonzagão – 100 anos* e *Sob o olhar januarense*.

Em reconhecimento ao seu trabalho em defesa da natureza, preservação do cerrado norte-mineiro, Téo recebeu uma grande homenagem feita pela Federação das Indústrias do Estado de Minas Gerais em reconhecimento da sua defesa da natureza e ecologia. Ele dedicou a vida em defesa do pequizeiro, juntamente com Hermes de Paula e Cândido Canela, esse trio travou uma importante batalha na guerra contra o desmatamento devastador das carvoeiras, que criminosamente devastaram importantes reservas, e que dizimaram muitas frutas nativas que hoje só aparecem nas páginas dos livros. Essa férrea defesa já lhe trouxe ameaça por denunciar, através da poesia, os crimes contra o sertão. Esta poesia, *Ternos pingos de saudade*, sua obra-prima em parceria com Cândido Canela, foi também musicada e gravada em disco e distribuída pelo Brasil. Cândido Canela também era um grande ativista, desafiava todos os preconceitos da época, crítico de todo o sistema que incomodava a população. Essa música garantiu-lhes todos os prêmios do 1º Festival Brasileiro da Música Sertaneja da Rádio Record, 1978:

> Ternos pingos de saudade,
> Lampejos do coração,
> Pedaço de lua cheia,
> Caindo na amplidão.
> Ternos pingos de saudade,
> Viola feito canção,
> Por do sol amortecido,
> Tardes mornas do sertão.
>
> Arrulhos da pomba-rola,
> O canto triste do Jaó,
> Da zabelé das caatingas,
> E do inhambu xororó,
> E o canto da mãe da lua,
> Da inhuma triste choreira,
> Do caburé lamentando
> No tronco da gameleira.
>
> Ternos pingos de saudade,
> Noite alta, céu brilhante,
> Relinchar do potro ao longe,
> Cantar de um galo distante.

Ternos pingos de saudade
Saudade, que não consola,
Batucada sertaneja
No pontear da viola...

Ternos pingos de saudade,
Juventude que se foi.
Triste canto da madrugada
De um velho carro de boi.

O gemer de um engenho ao longe
Moendo chorando à toa,
Qual a voz de um cururu
Bem distante na lagoa.

A poesia *Esteio do Cerrado* é um exemplo do trabalho de Téo em exaltação à beleza e importância do cerrado, principalmente o pequizeiro.

ESTEIO DO CERRADO

Doutor, eu sou filho do sertão
A natura me deu o buriti
A cagaita, a pitanga e o araçá.
Ananás, jatobá, bacupari.
A pitanga, a mutamba e o juá
E a glória de tudo o Pequi.

O pequi é remédio e alimento
A beleza, o sangue, o viver.
O esteio da vida do cerrado
Proteger o pequi é um dever
Só Deus quem cultiva essa beleza
É a luz que um cego pode ver.

Sua mesa é farta, seu doutor!
De alimentos que têm poluição
O senhor está morrendo pela boca
Tem estudo, mas falta-lhe a visão.
A brasa que assa sua carne,
É o pequi transformado em carvão.

Pense um pouco, em justiça social,
Pois o pobre precisa de defesa.
Um pé de pequi são muitas bocas,
Por carvão, que aumenta sua riqueza,
Se Deus não lhe deu uma escritura,
Não tira o pequi dessa pobreza...

No poema que se segue, Téo intitula-se a si mesmo de o rei do pequi, e, ao mesmo tempo em que se auto--homenageia, defende com vigor a importância do fruto do nosso cerrado. ao longo dos versos justifica a criação do título. Mais que merecido!

Pé de pequi na entrada da fazenda Bom Sucesso da família Figueiredo, Alto Belo (MG).

O REI DO PEQUI

Já inventaram tanto rei.
Que é rei pra todo lado
Tem um tal rei do café,
E também o rei do gado
Tem rei pelo mundo inteiro
Governando até nação
Teve o rei do futebol
E até rei do baião.

Para mim só há um rei.
Que comanda os meus e os seus.
Esse é o rei de verdade.
Seu nome sagrado é Deus
Já me chamaram de rei
Do calango e da viola.
Quem falou essa bobagem
Falta um pedaço da bola.

Certa vez em Montes Claros
Numa festa de ricaço
Me chamaram para cantar
Tive que fazer um regaço
Tinha rei por todo jeito.
Até rei da mordomia.
Eu um matuto bruto
Pra eles, nada valia.

Na hora me veio uma ideia
No meu modo falarei
No meio da grã-finagem
Eu também vou ser um rei
Perguntei pra todo mundo.
Quem conhece o pequizeiro
É o esteio do cerrado
Um alimento milagreiro.

No meio de caviar
Whisky e sobremesa
Eu defendo o pequi.
Desafiando a nobreza
Já me disseram na lata
Pequi é fruto de pobre
Só tiramos o carvão.
Pra encher o bolso de cobre.

Na hora subiu meu sangue
E perdi a estribeira.
Pequi é coisa de Deus
Pobre leva de graça na feira.
Vocês são os reis de tudo
Da mais alta realeza
Mas, ninguém pode mandar
É na santa natureza.

Já que todo mundo é rei
Tá sobrando até rainha
Eu vou dar a minha esporada
Igual um galo de rinha
Valorizo a minha terra
Com saga e alegria
Minha tribuna é a viola
O advogado, a poesia.

Eu adoro o pequi
E a ele dou valor
Sou um homem do sertão
Um poeta cantador
Da nascente do Rio Verde
Onde canta a juriti
Sou filho de Alto Belo
Eu sou o rei do pequi...

 Téo recebeu, da Câmara Municipal de Montes Claros, a placa Cândido Canela, em 28 Dezembro de 2001, em reconhecimento pelos relevantes trabalhos prestados à cultura popular, projeto do vereador Ademar Bicalho. Téo, foi um dos criadores da Associação Folclórica São José de Alto Belo, além de idealizador, Téo foi o doador de dois lotes de 360 metros cada, para a construção de uma sede, que fica na Av. Clemência Cristina Azevedo, Téo tem por hábito doar e se doar muito. Durante três anos seguidos ele produziu e apresentou o programa de música regional, "Nosso Canto Nordestino" na Rádio Record, São Paulo (AM-100) nesse período promoveu, descobriu e encaminhou valores novos na música e na poesia. Criou ainda os programas "Cantilena" e "Flor da Terra" na Rádio Atual, levado ao ar, ao vivo, entre os anos de 1992 e 1999. Apresentava aos domingos no palco do Centro de Tradições Nordestinas (CTN) uma roda de cantoria – repentistas, aboiadores, cordelistas e alguns reis da embolada, essa importante ação durou 7 anos proporcionando oportunidades aos amantes da canção popular na pauliceia.

Téo acredita em Deus e leva sua vida embalada pelos seus ideais, ajudando a quem precisa, servindo aos seus amigos da arte. Lutou e luta por tudo o que acredita, fala pouco e vive com a leveza de ser quem é, um poeta humilde, calmo, não altera a voz, dorme fácil, cochila na mesa dos bares e acorda pronto para a vida. Ama a natureza, os pássaros e a chuva no sertão. Gosta de todos os sons: sanfona oito baixos e viola caipira, esta que faz parte do seu mundo. Adora sol, cores alegres, gosta de comidas típicas, e todos os sabores da sua infância. Em certos momentos, relata que se sente o homem mais rico do mundo, sente na alma o esplendor da sua arte, de muitos sonhos realizados.

Falar da vida de Téo, com tantas minúcias requer muita habilidade, assim faz o escritor Josecé Alves Santos, grande cordelista, nestes belos versos onde louva o poeta companheiro de luta.

TÉO AZEVEDO, VIOLEIRO DO CERRADO

Téo é a nossa cultura
Que neste Brasil aflora.
É raça canto e semente.
É repente toda hora
E o jardim da poesia,
É a luz que irradia
A beleza da aurora.

Repentista cá do Norte,
Respeitado e rimador
Divulgador do Folclore,
Um exímio aboiador.
Sua pequena Alto Belo,
Paraíso em paralelo,
A semente virou flor.

O seu dengo é a folia,
A quadrilha e o quadrão,
Inventar é sua sina,
Rimar é sua paixão.
Cana verde, cana pura,
Carne seca e rapadura
E o gostoso oitavão.

Continue sua batalha
De levar nosso repente;
O Brasil é muito grande,
Porém, você é semente.
O solo que você pisa
Nasce rima, nasce brisa,
Sai poesia certamente.

Precisamos de você
No nosso imenso Brasil
Grave, cante, escreva, rima.
A viola é seu fuzil
Amigo Téo Azevedo.
Cante repente sem medo
Além do ano dois mil...

Muito cedo começou
Batalhando o seu pão.
Foi engraxate e maleiro
No mercado e estação
Tinha boa freguesia.
Através da cantoria,
Sua grande inspiração.

A juventude de Téo
Sempre foi uma peleja,
Jogar repente na feira
E passar sempre a bandeja.
Vender cordel lá na praça,
Foi vivendo na raça.
Alma limpa. E sertaneja.

Chegando em BH,
Alistou-se pra servir.
Enquanto ele aguardava,
Fazia o povo sorrir.
A polícia não deixava
E preso sempre acabava,
Dando um jeito pra fugir.

Professor Téo Azevedo
Da cultura popular,
Faculdades do Brasil
Já puderam escutar
O repente a embolada,
Linguajar e raizada,
Tão ocupando lugar.

Seus trabalhos correm mundo
Estados Unidos e Japão,
Faculdade de Sorbonne,
Tem repente do sertão.
Com seu jeito de matuto
Téo Azevedo é astuto,
Divulgando nosso chão.

De tudo, Téo foi um pouco
Só não quis a corrupção.
Até lutador de boxe
Chegou a tricampeão,
Isto em solo mineiro,
Ganhou título sem dinheiro,
Ficou famoso no sertão.

DA ETERNIDADE DA POESIA

Através de sua escrita, por mais simples que seja, o poeta sempre encontra o público certo. E quando a poesia é musicada, alcança uma dimensão infinita e vai fundo na alma de quem escuta. Todas as classes sociais têm direito à beleza da poesia. Quem já teve a oportunidade de ouvir Doro do Brasamundo cantando a música de Téo? Uma canção de conotação maliciosa (*Abelha Tubi*) onde ele coloca arranjos novos e ela torna-se fantástica, a beleza é sem dúvida uma perfeição! Assim a música cai de boca em boca e perde completamente o domínio do seu criador.

Poeta verdadeiro não tem medo de se expressar, escrever é arma para libertar suas dores e angústias, extravasar sua alma. Quantos já foram presos e até torturados por denunciarem a verdade através da música ou da poesia? Téo Azevedo, poeta valente, teimoso que vive armado com uma arma poderosa chamada caneta, vai disparando tiros de protesto contra a injustiça social. Será ouvido? Ele mesmo não sabe, também pouco importa, é nisto que consiste a eternidade do poeta e de sua poesia.

Nas manhãs ensolaradas Téo incorpora o vaqueiro na labuta, levanta, toma uma xícara de café forte adoçado com rapadura, veste seu gibão de couro e sai em busca do poema maior que ainda não foi escrito, que está guardado no fundo da alma. O poeta tem paciência e espera, um dia ele vai brotar, como uma planta desconhecida jamais vista no sertão.

O poema maior pode ser regado com as lágrimas de um grande amor, ou com uma amarga despedida, será escrito com flores e folhas verdes ou com os galhos secos do cerrado, nada ou tudo está previsto, só o tempo dirá. E o vaqueiro continua montado no seu cavalo alado em busca da sua estrela maior. Ele sabe que ela existe... Assim ele ressalta neste belo cordel.

FACULDADE SERTANEJA

Sou vaqueiro tangerino,
Sou também vaquejador,
Sou peão, sou boiadeiro,
Sou guia, sou montador,
Sou repente e sou viola,
Sou poeta cantador.

Sou formado numa escola,
O seu nome é Natureza,
Meu diploma é a viola
Num ponteio de grandeza.
Do jeito que canta a água,
Quebrando na correnteza.

O bailar da borboleta,
O relinchar do alazão,
O cantar da patativa,
Da lua cheia o clarão,
O que falta no progresso
Eu tenho na minha mão.

Eu sei comer com a mão,
Beber água cristalina,
Conversar com o meu gado
Num aboio que domina,
Calçar minha rastadeira.
E correr pela campina.

Meu trabalho sertanejo
Eu faço com competência
A arte de viver bem
Para mim é uma ciência
O troféu da minha vida
É a minha consciência...

Abaixo, reproduzo texto de autoria de Téo sobre as várias faces da poesia popular.

Repentismo

De acordo com o cantador, poeta e violeiro Téo Azevedo, o repentista é todo aquele que faz os versos improvisados, rimados e metrificados, terminando com a formação das estrofes. É divido em três partes: Métrica, Rima e Oração. Métrica é a divisão das sílabas para o verso não passar e nem faltar. Senão, passa a se chamar verso de pé-quebrado (sem métrica). Rima é a combinação das letras finais das palavras e do som, um com o outro.

Vale lembrar que, somente quando não tiver palavras que combinem com as últimas letras é que se pode rimar somente o som. Exemplo: amor com chegou. Oração é o mesmo que o enredo a ser seguido pelos cantadores. Exemplo: se um cantador estiver falando a palavra elefante, o outro não poderá falar caminhão, a não ser que, ele diga que o caminhão sirva para transportar o elefante.

Mote ou tema pode ser de um ou de dois versos, existe também o mote português de quadras de rimas fechadas, muito difícil de desenvolver. Pouquíssimos cantadores no Brasil o conseguem.

O Repentismo no Brasil

No Nordeste, por volta de 60 modalidades.
No norte de Minas, chama-se Jogar Versos, por volta de 15 modalidades.
No Rio Grande do Sul, chama-se Trova ou Trovar, por volta de 10 modalidades.
Em São Paulo, chama-se Cururu, por volta de 10 modalidades.
No Rio de Janeiro, chama-se Partido Alto, por volta de 6 modalidades.
No Centro-Oeste, chama-se Tirar Versos, por volta de 4 modalidades.
Já o cordelista é o poeta que escreve histórias rimadas e metrificadas, mas não canta de improviso. O repentista também pode ser cordelista.

Volto agora ao ano de 1974, que marca o início da busca de Téo Azevedo para se fazer conhecer no meio artístico de São Paulo. Lá, ele conheceu o cordelista Maxado Nordestino, que mantinha uma banca, na qual comercializava seus folhetos na Praça da República. O movimento cordelista motivou o encontro com outros autores do gênero, entre eles Dr. Amaury Correa de Araújo, mais conhecido como pesquisador do cangaço nordestino, o sergipano Zacarias José, especialista em xilogravuras, o xilogravador Jerônimo Soares e Jota Barros, cordelista pernambucano de renome nacional. Téo começou a fazer apresentações de cordel e cantoria em praças, teatros, escolas, faculdades, emissoras de rádio e televisão. Nessa época, juntou-se aos cantadores de repente ao som de viola nos bares do Brás, na famosa Academia de Zé Custódio, comandado pela dupla Sebastião Marinho e João Quindingues. Téo também frequentava outra cantoria num bar da rua Paulo Afonso onde existia outro segmento coordenado pelos repentistas Guriatã de Coqueiro e João Tavares. Cantavam no sistema tradicional, passando a bandeja.

Os cantadores vinham de todas as partes do país, mas, principalmente do Nordeste. Nomes destacados do cordel e do repente sempre apareciam nos locais, entre eles Lourival Batista, Pedro Bandeira e uma infinidade de poetas reconhecidos. Com Guriatã de Coqueiro, Téo aprendeu e desenvolveu todas as modalidades de cantoria nordestina. Aquele ambiente era para ele uma escola. Guriatã, além de bom cantador de galope alagoano, era um ótimo compositor, com músicas gravadas por Genival Lacerda. Foi também parceiro de Téo no disco (vinil) *Brasil, terra da gente*, de 1978, na toada "Lamento de vaqueiro".

Bom aluno que foi, Téo já era senhor do seu mundo de arte. Não tinha medo do desafio, mesmo entre tantos mestres, já escolados no mundo da cantoria. Com a coragem que caracteriza sua arte, participou do Segundo Festival de Repentistas em Olinda (PE), realizado na igreja Matriz, pelo marchand Baccaro, da Casa das Crianças de Olinda. Téo não hesitou e cantou com vários aboiadores, entre eles o famoso Manoel Serrador. Nessa festividade, o Poeta das Gerais conheceu a mais importante dupla de emboladores, Caju e Castanha, meninos ainda, mas já se destacando. Na ocasião, eles o levaram para conhecer o Mercado São José e a mais importante banca de cordel, do poeta José Soares, que presenteou o visitante com vários folhetos de sua autoria, incluindo *O futebol no inferno*... Anos depois, Téo produziu o disco mais importante de embolada da carreira de Caju e Castanha, o CD *Professor de embolada*, que vendeu cerca de 300 mil cópias, fato marcante em sua carreira.

Caju, Téo e Castanha, Estúdio RC Master. (SP), 2012.

Ainda no começo de sua caminhada, Téo resolveu desenvolver um projeto — *Cultura e repente nordestino* — e conversou com o dono da gravadora Colonial, Aurindo Araújo, irmão do cantor Eduardo Araújo. Assim foi gravado um disco com a primeira a primeira dupla sob a direção de Téo: João Quindingues e Sebastião Marinho.

A experiência valeu a pena. Desse tempo para cá, Téo já produziu mais de 200 trabalhos independentes ou por meio de gravadoras. Uma variedade que abrange repentistas ao som de viola, emboladores, aboiadores e cordelistas. Gravações com artistas que moram em São Paulo, bem como de nordestinos que vinham em busca de espaço. Em 1991, Téo divulgava seu trabalho na rádio *Atual* de São Paulo, com direito a um espaço no Centro de Tradições Nordestinas (CTN). Lá ocorriam as tradicionais cantorias com a participação de todos os segmentos de arte. O movimento tomou corpo e correu de boca em boca, tornando-se um dos maiores produzidos na área da cultura popular, com participação dos Nonatos, Peneira e Sonhador, Zito Alves, Moacir Laurentino e Sebastião da Silva, Geraldo Mouzinho, Pedro Bandeira, entre outros. Como estágio, Téo passou por uma faculdade, a sertaneja, conviveu com todas as modalidades de arte do sertão, conheceu e conviveu com os grandes nomes da cultura nordestina num aprendizado constante. Profissional que sabe usar a tecnologia, Téo tem sua produção reconhecida nacionalmente. Apesar de toda exposição, o poeta Téo Azevedo nunca esqueceu suas origens e jamais deixou de visitar sua vila, Alto Belo, e a região Norte das Gerais, ajudando a música regional, revendo os amigos ou matando a saudade da comidinha no fogão de lenha.

No ano de 1979, algo aconteceu de extraordinário na arte do norte de Minas. Com a experiência adquirida anteriormente, Téo percebeu que Montes Claros precisava despertar para a cultura popular, e que, apesar de ser berço de muitos artistas, estes viviam esquecidos. Assim, resolveu criar a Associação dos Repentistas e Poetas Populares do Norte de Minas, (ARPPNM). Ele percebeu que a arte herdada dos nossos colonizadores estava se extinguindo na região. Lembrou-se do seu pai e de outros cantadores que marcaram a história do repente no norte de Minas. Com esta ideia fixa, procurou reunir alguns amigos interessados na arte, a exemplo de José Vicente (atualmente vice-prefeito de Montes Claros), o Grupo Agreste, que despontava com um grande potencial, a escritora Amelina Chaves, Almir Chaves, na época, venerável da Loja Maçônica Estrela de Montes Claros. Do grupo participavam, ainda, os cordelistas

Jason Morais, Josecé Santos; Silva Neto (Juca), os cantadores de coco Geraldo Pau Terra; João Martins, Zé Figueiredo e outros, como dr. Francisco Alencar Carneiro, grande conhecedor de leis, era exímio e famoso tocador de bandolim, seresteiro afamado e profundo amante da cultura popular.

UM GÊNIO DO POVO

Enquanto organizava os documentos, Téo resolveu doar duas violas aos cantadores, porém elas precisavam de reparos. Procurando uma pessoa que entendia do assunto, foi indicado apresentado pelo sanfoneiro Si Sanfona a um grande mestre no assunto, recém-chegado à cidade, vindo das bandas do Riachão. Além de consertar, ele fabricava instrumentos perfeitos. Assim Téo foi procurá-lo no bairro de Lurdes, onde estava, vivia com sua esposa já adoentada, uma filha por nome de Luísa e outra adotada, apelidada de Nana. Assim, num quartinho simples onde o homem trabalhava consertando de instrumentos a sapatos, foi o início do grande músico Zé Coco do Riachão, que mostrou a Téo todo o seu potencial. Deslumbrado com aquele sertanejo autêntico, com um estilo musical próprio, um matuto que não sabia nem assinar seu nome, mas era mestre em fabricar e tocar os seus instrumentos, Téo, emocionado, agradeceu a Deus por tê-lo colocado diante de um gênio. Ele olhava aquelas mãos grossas que possuíam a leveza de plumas no braço da viola, e fez uma promessa: produzir e divulgar a sua descoberta valiosa. Nesse meio tempo, a Associação caminhava na organização dos documentos, filiações e divulgação, mas Téo estava com a cabeça voltada para sua grande descoberta artística e passou a conviver com Zé Coco somente para vê-lo tocar a viola de cravelha de pau. Numa afinação perfeita, ele tocava algumas modas centenárias, como *Ludovina*, *Ianhuma* e outras criações suas. Téo pensava: com 68 anos, seu Zé era um gênio esquecido no sertão ou não seria ele uma reencarnação de Pagannini? Quem poderia explicar? Assim, o tempo foi passando e, com ele, a ideia de gravar e mostrar ao Brasil, a arte que nasce do sertão. Um dia, Téo levou à casa de Zé Coco uma fita cassete. Gravou algumas canções e partiu para a luta que seria sensibilizar produtores musicais e gravadores para a singularidade do artista que descobrira.

Em São Paulo Téo saiu em peregrinação por várias gravadoras. A busca o levou até o projeto Minerva, no Museu do Folclore no Rio de Janeiro. Muitas gravadoras gostavam, mas, por causa da idade do artista, achavam o investimento arriscado. Entretanto, mineiro não desiste fácil e "dá um boi pra entrar numa briga e uma boiada pra não sair dela". Assim, Téo continuou até que a sorte sorriu para ele.

No ano de 1978, quando lançou o segundo LP intitulado *Brasil Terra da Gente*, pelo antigo selo Colonial, Téo teve o privilégio de conhecer o jornalista Carlos Felipe, do Jornal *Estado de Minas*. Felipe é um grande valorizador da cultura mineira, homem simples, coleciona com carinho e dedicação tudo ligado à nossa arte. Dedica especial atenção a todos que o procuram, tem grande destaque na Comissão Mineira de Folclore. Amigo incondicional de todos. O jornalista, mecenas por natureza, generoso de coração, amante das artes pela sua rara sensibilidade, escreveu: "Eu conheci Zé Coco do Riachão através do poeta Téo Azevedo. Um dia ele apareceu na redação do Jornal *Estado de Minas* com uma fita cassete de áudio, dizendo que as músicas ali interpretadas na rabeca e na viola eram de uma pessoa fantástica, um autêntico músico do povo. Ouvi a fita, e concordei com ele. José dos Reis Barbosa dos Santos era mesmo um artista raro, daqueles que trazem a alma do povo em suas músicas, dedos e vozes".

O batismo artístico do violeiro como Zé Coco do Riachão se deu nesta matéria. E parece que o nome deu sorte.

Téo, com o jornal debaixo do braço, procurou Virgínia Guimarães, diretora do selo Rodeio, da gravadora WEA, em São Paulo. Encantada com o repertório, ela disse: "Vamos fazer um disco, pode não ser comercial, mas será um trabalho muito importante". Téo fez a primeira gravação no estúdio da Bemol em Belo Horizonte, acompanhado pelo violonista Antonio Augusto Azevedo, seu irmão. Acrescentou ainda alguns instrumentos de percussão bem leves, para não interferir na natural espontaneidade do trabalho de Zé Coco. Tudo pronto, Téo partiu para São Paulo levando o *tape* dentro da mala, que foi guardada no bagageiro do ônibus. Durante a viagem houve um temporal, e a água atingiu o bagageiro. Já em São Paulo, na pensão onde ficava hospedado, constatou, com grande tristeza, que sua roupa estava toda molhada, e o *tape* danificado. Com grande dificuldade tentou recuperá-lo no melhor estúdio de São Paulo, o MOSH, mas, infelizmente, não foi possível: todo o trabalho foi literalmente por água abaixo. E ele teve ainda de arcar com todos os gastos com músicos acompanhantes e estúdio.

A diretora do estúdio, vendo sua dedicação, disse: "Vamos trazer Zé Coco a São Paulo e fazer tudo de novo". Apesar do prejuízo com a primeira gravação, ele retorna a Montes Claros, leva Zé Coco ao estúdio e convoca os músicos para o acompanhamento. Com esse movimento, melhorou a base instrumental da gravação, sem ferir o solo melodioso e perfeito do mestre Zé Coco. Pronto, o disco ganhou o título de *Brasil Puro*. Téo, vencendo as dificuldades, mostrou que estava certo. Assim, no ano seguinte, foi gravado mais um disco com o título *Zé Coco do Riachão*.

Nos anos de 1980 e 1981, os discos foram eleitos pela crítica musical entre os melhores. Tanto que, enquanto Téo estava gravando um documentário de aboio para o *Primeiro Canal de Baden-Baden*, Alemanha, ele apresentou Zé Coco para o diretor, dr. Ralf. Ao ouvi-lo o alemão, deslumbrado, disse para Téo: "Se ele fosse da Alemanha, seria considerado o Beethoven do Sertão". Téo respondeu na bucha: "Olha, doutor, pode ter certeza que, para nós catrumanos, aqui no nosso sertão, ele é mais do que o Beethoven na Alemanha, mesmo se um dia Alemanha voltar a ser uma só." Ele respondeu que achava isso impossível. Daí, o tempo respondeu, pois, em 1989, houve a queda do muro de Berlim.

Téo nunca mais reencontrou o Dr. Ralf.

Assim começou a batalha de Téo Azevedo para gravar e mostrar ao público o homem, que nem sabia assinar o próprio nome, mas criava sons divinos e possuía a leveza de plumas nos dedos ásperos de tanto lavrar a madeira para a fabricação de instrumentos, sua forma de ganhar o pão. A história foi longa, e trabalhosa. A paciência de Téo foi compensada com a gravação de vários discos, livros e crônicas de autores diversos, programa de grandes emissoras passou a convidá-lo pela raridade da sua música e também pelo seu jeito de ser. É preciso afirmar que a vida e obra de Zé Coco do Riachão merecem um livro. Porém, quero aqui registrar parte dela, pois está no encalço da trajetória de vida de Téo Azevedo, e para tanto, me ampararei em ninguém melhor do que aquele que o levou à luz do reconhecimento, o próprio Téo, que, no ano de 1981, escreveu um belo cordel distribuído em todo o Brasil.

ZÉ COCO DO RIACHÃO

Já falei de astrologia,
Da ciência do sertão,
Cantilena e poesia,
Natureza e barbatão,
Porém hoje vou cantar
Zé Coco do Riachão.

Mil novecentos e doze,
Em primeiro de janeiro,
No vale do Riachão,
Dentro do solo mineiro,
No Estado de São Francisco
Nasceu o grande violeiro.

Já era a boca da noite,
No sertão da poesia.
Depois desse nascimento,
Aumentou a cantoria
Numa ocasião de Reis,
Na cantiga da folia.

Quando foi de madrugada,
Que a coruja no toco
Uma folia em lamento,
Num canto saudoso e rouco,
Era ocasião de Reis
Num tributo a Zé Coco.

Folia cantou na porta,
Os seus pais mandaram entrar,
Houve muita comilança,
Cantiga de versejar,
Muito lundu e guaiano,
Até o dia raiar.

Na hora da despedida,
Que o verso é na bitola,
A folia agradeceu.
Sua mãe usou a cachola.
O agrado da folia
Foi Zé Coco de esmola.

Pra rimar tanta grandeza,
Os meus versos já são tantos.
Falarei seu nome todo,
Descrevendo seus encantos:
Primeiro José dos Reis
Com mais Barbosa dos Santos.

Com um ano de idade
Veja o que aconteceu.
Sua mãe sentiu-se mal,
Esse fato assucedeu.
Zé Coco ficou com o pai,
Pois sua mãe morreu.

Depois desse acontecido,
No meu verso que alinha,
A vida do violeiro
Tava mudando todinha.
Até dez anos de idade
Ficou com sua madrinha.

Quando tinha nove anos –
Que proeza de menino –
Encontrou com a folia
Do Decurião e Delfino,
Ajudou na cantoria,
Que o toque saiu tinino.

Zé Coco, já com dez anos,
Voltou à casa do pai.
O ponteio do seu velho
Escutando sempre vai.
Um dia também tocou,
Que seu pai falou: UAI...

O velho ficou assustado
Com o menino inteligente,
Que pontilhou a viola
Na tocada competente.
Seu pai pegou a viola
E deu ao Zé de presente.

Trabalhou com o seu pai,
Começou a fazer curral,
Cancela, carro de boi,
Em um feitio sem igual,
Tocar e fazer viola,
Briquitando bem legal.

Aos doze anos de idade
Zé Coco pediu ajuda.
Foi morar com o Delfino
Na região Barriguda.
Morou com o Henriquinho,
Sua vida sempre muda.

Foi com esses dois amigos,
Faço um esclarecimento,
Que o Zé aprendeu muito,
Aumentou o conhecimento,
Na arte da cantoria
E fabricando instrumento.

Com vinte anos de idade
No casamento se fez.
Já fazia instrumentos
Com tão grande rapidez.
Sua primeira encomenda:
Uma dúzia de uma vez!

Quando eu conheci Zé Coco,
A lembrança me comove.
Consertar duas violas,
Si Sanfona me envolve,
Na cidade de Montes Claros,
No ano de setenta e nove.

Quando avistei Zé Coco
Na sala de sua casa,
Parecia um passarinho
Que tinha quebrado a asa,
Dizendo: – Não toco mais! –
A lembrança me arrasa.

Pedi a Zé Coco num toque
Me mostrar a sua arte.
Zé Coco tocou rebeca.
Eu falei: – Esse é de Marte!
Quando pegou a viola,
Vi que era um baluarte.

Não contive a alegria;
Eu chorava de barril.
Quando vi tanta grandeza
Debaixo do céu de anil,
Ao encontrar um tesouro
Da cultura do Brasil.

Pra divulgar Zé Coco,
Eu briquitei um caminho.
A luta foi muito dura,
Toda cheia de espinho,
Mas um grande ser humano
Nos colheu nesse caminho.

Falo de Carlos Felipe,
Esse grande jornalista,
Que também é seresteiro,
Professor e folclorista,
Patrimônio da cultura
E um grande humanista.

Virginia da W E A
Dá a chance para um disco:
– Traga seu Zé pra São Paulo,
Esse violeiro arrisco.
Vamos divulgar seu trabalho
Do Estado do São Francisco.

Falo do segundo disco.
E não deixo pra depois.
Viola, sanfona e rebeca,
Que nem um baião de dois.
Foi o melhor instrumento
No ano de oitenta e dois.

Verdadeiro sertanejo
Não vive de gravação.
Os discos que vendem mais.
Não é música desse chão.
É o som da influência
Que envergonha a nação.

Vou mudar o meu assunto
Chega de prosopopeia.
São Paulo tem um lugar,
Que clareou minha ideia.
Um celeiro da cultura
É a fábrica de Pompeia.

O SESC plantou a semente
Que a cultura irradia.
O folclore tem sua vez
Como um sol que me alumia.
Nós viemos do projeto
Que é A Luz do Novo Dia.

A equipe é de primeira,
Para mim não tem mistério.
Bastos, Adenor e Dito,
Junto ao Fábio e ao Rogério,
Com o Max na chefia.
O trabalho é muito sério.

Luise em xilografia
E Victor na criação.
Tem o Décio na montagem,
Osvaldo na impressão.
Essa turma é de primeira,
Qualidade e perfeição.

Um *show* de simplicidade
Das quebradas do sertão.
Do aboio do calango,
Lundu, Toada e Canção.
Ao vivo Téo Azevedo
E Zé Coco do Riachão.

Cândido Canela
(22/08/1910 – 07/03/1993)

RECORDANDO por Reivaldo Canela

O poeta Cândido Canela canta as maravilhas do sertão como jamais alguém cantou o hino dos passarinhos, do humilde joão-de-barro, do tiziu tão pouco percebido, da rolinha fogo-pagou, do bem-te-vi – seu amigo; do curiango apaixonado...

Cândido sorri nas manhas alegres do Arvação, com a gritante Saracurinha-três-potes, lá na beira do corguinho, comprida, do carro de boi que ficaram lá no passado. Cândido Canela sofre e chora no coração com a injustiça que esmagou o sertanejo pobre, o rurícola, como dizem pomposamente hoje em dia...

Ninguém jamais cantou este sertão norte mineiro como meu pai. Seus livros são verdadeiros hinos de poesia, onde cada poema tem vida e tem alma. É neles que conta histórias e adverte contra as maldades. Fala de amor e de amores, este é o elemento da poesia do meu pai. Um amor tão grande que seu coração não consegue segurar, e que está sempre extravasando, derramando e inundando, envolvendo a todos e a tudo que o rodeia.

Cândido Canela é mais do que um escritor montesclarense. É mais do que um poeta sertanejo; mais que um fazedor de versos sertanejo do Brasil. Como carinhosamente disse seu amigo Geraldo Tito da Silveira: "Cândido Canela é muito mais, pois, antes de tudo, ele é o AMOR. Perdoem, Senhores esta minha verdadeira corujice. Pois, como dizemos aqui pelas chapadas, (ditado popular) a "coruja é que gaba o toco", mas, foi muito grande o meu desejo de homenagear. Também e particularmente não só meu pai, mas o homem, o grande ser humano, chamado Cândido Canela....

(Montes Claros, 10 de agosto de1991.
Transcrito do jornal *Folha do Cerrado*)

Assim, por esta e outras, podemos compreender a admiração de Téo Azevedo pelo grande e eterno trovador de Montes Claros. E a Associação continuou seu trabalho, criando uma série de eventos, como: Concurso Arroz com Pequi, Concurso de Mentira, dirigido por Jasom Morais.

Prêmio Sol, com homenagens às pessoas que se dedicaram em vários segmentos artísticos.

***

Em 1982, a Associação promoveu o Encontro de Baianos e Mineiros na sede da entidade, localizada à rua São Francisco, 1.035, casa de Amelina Chaves. O referido encontro contou com representantes ilustres da literatura baiana, recebidos com muito carinho pelo casal Almir Chaves e Amelina, regado ao famoso licor de pequi. Do encontro nasceram versos de gratidão aos anfitriões, em especial à dona da casa. Como constatamos nas estrofes:

A casa de Amelina
É um palco de cortesia
Que há muito se destina
Em promover alegria,
Ligando a bênção divina
Aos mestres da poesia.

Elias de Carvalho

É na rua São Francisco
A casa de Amelina,
Protetora dos artistas
E pessoa muito fina.
Sua escrita é perfeita,
Tem inspiração divina.

Gonçalo Gonçalves Bezerra

A caravana que veio
Do Estado da Bahia
Quer mostrar os seus valores
E virtude em poesia.
O encontro talentoso
Que o Estado vizinho cria.

José P. S. Neto, Juca

Na casa de Amelina
Se come, bebe e ri,
Mesmo não tendo comida,
Pois existe poesia aqui.
O poeta enche a cuca
Do que tem para ouvir.

Maxado Nordestino

Na casa de Amelina
Tudo é paz e alegria,
É o lar da fraternidade,
Onde tudo é harmonia,
Ela sendo trovadora
E maviosa escritora,
Recebeu nossa Bahia.

Rodolfo Coelho Cavalcante

O vento sempre veloz
Sobre as águas cristalinas
Sopra também seus encantos
Na terra que me fascina.
Do lucro dessa viagem
Estou levando a imagem
Desta formosa Amelina.

Jurandir Raimundo de Souza

Num dia bem consagrado
Visitei a poetisa.
Vi tudo quanto precisa
Em um povo abençoado.
Fiquei tão maravilhado
Só quem vê a Mãe Divina,
De ver tanta coisa fina
Quase fiquei indeciso
Não tirei mais do juízo
A casa de Amelina.

João Mariano da Silva

Montes Claros é uma cidade.
Do Estado de Minas.
Eu pego minha caneta,
Devagar fazendo rima,
Sinto-me muito feliz
Na casa de Dona Amelina.

Gonçalo B. de Andrade

Tudo que pertence a Deus.
Encontrei nesta morada,
O casal e a filharada,
Os procedimentos seus,
Nos cincos sentidos meus,
Vi na hora matutina.
Parece mansão divina
Cheirava como um jasmim
Ninguém vê nada de ruim
Na casa de Amelina.

João Soares Correia

A casa de Amelina
Deu certo pros sonhos meus,
Gostei dela e do esposo
De todos os filhos seus,
A casa dela faz parte
Da moradia de Deus.

Zé Pedreira

Na casa de Amelina
Eu fui dar um passeio.
Vi coisas maravilhosas
Que me trouxeram anseios,
Perante Amelina Chaves
Rui Barbosa e Castro Alves
Palestravam em nosso meio.

Zé Morais

Deus me deu inspiração
Pra escrever um pouco em rima.
Pra falar de um bom encontro
Na casa de Amelina:
Um encontro baianeiro.
Fato importante na ocasião
Na casa de Amelina,
Que é matuta do sertão.

Orlinda Maria Amaral

 Além de participações em todos os eventos do município, a literatura de cordel também desabrochou, foram publicados muitos folhetos, com destaque para *O crime do porta-malas*, de Jasom Morais, *Se o homem tivesse rabo*, de Juca e Roldão.

Importância da Associação dos Repentistas

Você vive em comunhão
Perfeita com a natureza
E compreende a beleza
Da linguagem do sertão
O sabiá é seu irmão.
Quando chega a noite bela,
Vem bicar junto à janela
Do seu quarto de dormir.
Por certo a se despedir:

BÊNÇÃO CÂNDIDO CANELA.

Documentos registrados conforme os parâmetros da lei, esse importante movimento sobrevive até os dias de hoje, como representante legítimo da cultura da região. Alcançados os objetivos, a associação abriu as portas para o conhecimento da arte popular, suas origens e os locais de maior atuação. Muitos já cantavam, mas não conheciam as raízes tão importantes desta forma de arte tão antiga, legada pelos descobridores e transportada para nosso império para alegrar os grandes saraus na corte.

Téo Azevedo como um lavrador das artes, cavou o chão bruto do sertão das Gerais e fez brotar toda essa cultura que estava guardada nos velhos baús. Plantou a semente na terra árida, privilégio dos escolhidos. Desta semente brotaram os frutos da poesia sertaneja (repente, quadras, emboladas e mais uma série de modalidades poéticas desconhecidas, ou pouco usadas). Ele foi decifrando, clareando os temas e os ritmos que muitos desconheciam.

Falo da vida e do trabalho de Téo com propriedade, pois estive sempre junto dele e fui participante ativa no movimento cultural do norte de Minas, mesmo sem a experiência de um jornalista como Carlos Felipe. Conheço sua vida sofrida, mas acima de tudo, vivida com carinho de quem ama o que faz. Entretanto, junto a ele tive novas oportunidades de expandir minha literatura. Tanto que no ano de 1980, publiquei meu segundo livro *O andarilho do São Francisco*, com o prefácio assinado por Téo.

Passei a pesquisar com mais veemência a cultura, vendo de perto tudo o que estava inserido nessa arte que desafia os ritmos modernos. Passei a ver um mundo diferente, poucas vezes trilhado; participei de vários congressos importantes, em São Paulo, Distrito Federal, Bahia, Minas Gerais. Fui convidada para a Comissão Mineira de Folclore. Visitei todo Vale do Jequitinhonha. Revirei todo o Vale do São Francisco. Enfim, fui nomeada Embaixatriz da Ordem Brasileira de Literatura de Cordel quando da presidência de Rodolfo Coelho Cavalcante.

Téo Azevedo, a partir da fundação, passou a elaborar o primeiro grande evento da Associação, o *Batismo dos Repentistas*, que consistia no seguinte: todo repentista teria de ser batizado. A prova seria de dez minutos de cantoria, em três modalidades, com um repentista já experiente. O candidato escolheria um padrinho e uma madrinha. Depois, ajoelhado, o padrinho colocava a viola na sua cabeça e dizia as seguintes palavras:

— *Em nome da viola e da poesia. Em nome do repente, em nome de Deus, você, fulano de tal, está batizado com o grau de Cantador Izidoro, ficando assim apto para representar a Associação em toda parte do Brasil...*

***

Assim ocorreu o primeiro evento com um público enorme, curioso e amante da poesia, marcando presença em todos os jornais locais. Tomada de entusiasmo a presidente eleita, junto à diretoria, partimos para a elaboração de grandes eventos. Ainda com a presença de Téo, foi promovida a missa dos repentistas que aconteceu no dia 10 de fevereiro de 1981, na igreja da Catedral de Montes Claros, celebrada pelo repentista Padre Alencar, a liturgia cantada no improviso dos versos do repente, com exceção dos cantos folclóricos. A cultura popular viveu uma grande noite, a igreja foi pequena para tantos fiéis e curiosos.

(Fonte: *Repente e Folclore*, de Téo Azevedo, 1981, p.82)

Amelina Chaves presidiu a associação em dois mandatos, em seguida foi dirigida por Josecé Santos, Jorge Santos, Téo Azevedo. Atualmente o senhor José Vicente, já reeleito por várias vezes, comanda o destino da mesma. Todos têm um trabalho marcante na promoção da cultura, em especial do Repente e do Cordel. Téo, na sua missão de plantar e ver os frutos do seu esforço vicejarem, tem várias missões cumpridas.

Aprovado e registrado o estatuto da Associação dos Repentistas e Poetas Populares, foi eleita a primeira diretoria, constituída dos seguintes poetas:

Patrono: Cândido Canela
Presidente: Amelina Chaves
Vice-Presidente: Josecé Alves do Santos
Diretor: Jasom Morais

Secretário: José Pereira da Silva Neto-Juca
Tesoureiro: Everton Andrade
Relações públicas: José Vicente de Medeiros
Diretor representante: Téo Azevedo
Conselheiros: Ildeu Lopes (Braúna)
              Ionildo de Souza
              José Martins Pereira
              José Gilmar
              Célio Paranhos
              Reginauro Silva
              José Manoel Xavier (Manelito)
              Arnaldo Azevedo
Assistente jurídico: Dr. José Neto Azevedo
Assistente médico: Dr. João Valle Maurício

FOLIA DE REIS DE ALTO BELO

Nossa primeira folia
É a folia de Reis,
Que começa a vinte e quatro
E vai até o dia seis.

Dia seis é dia de Reis,
O arremate da bandeira,
É o dia de entrega
É uma data festeira.

Quem não acredita em Reis
Também não pode abusar,
Respeito aos três Reis Magos
Cabe em qualquer lugar.

Dizem que nossa folia
Nasceu lá em Portugal.
Aqui ganhou o sertão.
De maneira sem igual.

Tem folia variante
Do divino São José,
Bom Jesus, Nossa Senhora,
São Sebastião com fé.

Todo folião que tem
É um devoto sutil,
Divulgando nossa fé
No sertão desse Brasil.

ORIGEM DA FOLIA

As pesquisas sobre a Folia de Reis são vastas e cada pesquisador busca uma fonte. Em todas existe uma diferença criada pelo local, porque o folclore é dinâmico e vem do povo para o povo. Daí as suas variações. Mas, no fundo, o sentido é o mesmo. Conforme cita Téo Azevedo no seu livro *A Folia de Reis no Norte de Minas*:

As folias de Reis chegaram ao Brasil, com os colonizadores portugueses. Aliás, toda nossa cultura tem influência dos colonizadores. Conforme citam alguns pesquisadores, foi o Padre José Anchieta o primeiro a trazer uma viola para nossa terra. Como forma de catequizar negros e índios, nada melhor do que o som. Assim, a folia foi se espalhando pelas comunidades e tomando características próprias.

A finalidade? Louvar o nascimento do Menino Jesus, principalmente as casas que têm um presépio.

Uma pesquisa completa está no precioso livro de Téo Azevedo sobre a folia citado acima.

***

1982. Téo conversa com um dos seus amigos, Antonio Divino da Cruz, apelidado como *Tone Agreste*, repentista e filho de Alto Belo, ele reavivou a ideia que há muito tempo sonhava em fundar um terno de folia na localidade. Contagiado pelo entusiasmo, Téo foi mais além, resolveu ativar a devoção antiga vinda dos seus antepassados de louvar aos Santos Reis, que conforme a tradição católica foram os primeiros a visitar o menino Jesus na manjedoura, hoje simbolizada no presépio.

Téo jamais imaginou que a festa anual de Alto Belo alcançasse projeção nacional. Repentistas, emboladores do nível de Caju e Castanha, grupos de teatro de mamulengo, grupos de seresta, marcaram presença nos festejos. Concursos dos mais inusitados foram promovidos por Téo, que esbanjava sua criatividade. Com barracas de comidas típicas, banquetes oferecidos aos visitantes, a Vila de Alto Belo abria as portas para os visitantes. Os moradores se empolgavam com o público, mas no ano seguinte os festejos eram ainda maiores.

Entre os foliões, inclui-se um ator global, que desde a primeira vez que veio a Alto Belo, se apaixonou pela beleza da festa e a oportunidade de voltar a conviver com suas raízes mineiras e matar a saudade de uma carne de sol com mandioca e uma cachacinha artesanal. Por ser um homem simples do sertão, cuja fama em nada afetou sua personalidade, esse personagem tem seu cordão umbilical plantado nas areias quentes do Vale do Gurutuba. Ele sabe que os escolhidos têm um compromisso sagrado com as coisas da sua terra, ele traz nos olhos as cores das folhas das barrancas do rio, rio das lendas e da bala de ouro. E outras mais. Seu nome: Jackson Antunes.

Assim a festa de Folia de Alto completou dez anos e, a cada ano se tornava maior e mais prestigiada. A localidade não comportava mais os visitantes, era a festa mais esperada pelo povo simples. Até na culinária ocorreu o resgate de receitas já esquecidas, como o café com biscoito tradicional, e de uma hora para outra ressurgiam os biscoitos de fofão, de toalha, de farinha cozido e assado, quebra-quebra; até o biscoito de Zefa Papuda, também o Sapé apareciam para agradar o visitante.

Diante disso tudo, Téo resolveu buscar a parceria dos amigos Aroldo Pereira do Ó e de sua esposa Adinália Santos Pereira e de sua irmã Izabel Pereira, pessoas amigas que não mediam sacrifícios para colaborar, pois nutriam profunda amizade pelo cantador e folião de Alto Belo. Fariam uma comissão especial para comemorar os dez anos da Folia. Seria na praça pública, aberta a todas as localidades vizinhas, com várias atrações artísticas locais e de outros estados. Com tantas renovações, claro que os políticos iriam participar. A festa era prevista para um dia, mas durou três dias.

Na época, a cidade de Bocaiúva era governada pelo Dr. Alberto Caldeira, prefeito jovem, dinâmico e participativo. Os comerciantes locais nunca venderam tanto em suas vidas. Sob chuva ou sol, a festa passou a acontecer todos os anos. E como a pequena vila não tem estrutura para receber tantos visitantes, muitos ficam hospedados em Bocaiúva. A mistura da cultura à religiosidade agradou a todos. Beatriz Azevedo, irmã de Téo, tem uma participação fundamental recebendo os visitantes e cantando suas canções dolentes. Numa destas festas ela, num gesto de carinho, escreveu o poema *Terno de Folia de Reis*, que segue:

Sobre a Folia de Reis
Vou dar meu depoimento,
Falar com o coração.
E todo meu sentimento
Da beleza do seu canto,
Que é puro encantamento.

Vem do folclore bem antigo
De geração pra geração,
Sendo um grupo de amigos
Da crença e religião.
Louvando a Deus menino,
Pai de toda criação.

Um terno religioso
Todos são músicos também,
Que tocam, cantam e dançam
Na lapinha de Belém,
Pra saudar o Deus menino,
Que nasceu pra nosso bem.

Tem caixa e tem pandeiro
Viola e violão,
Cavaquinho e rebeca,
Com harmonia e afinação
E o quadro de Santo Reis
Pra pedir a divina proteção.

Aproveito o jogar de versos
Pra pedir a proteção
A todas autoridades
Para reviver a tradição,
A folia está morrendo
De descaso, sem atenção,
Não encontra mais apoio
Nas quebradas do sertão.

São tão lindos os encantos
Que tem em Minas Gerais.
Quem ouve os foliões
Não esquece nunca mais.

Como o norte mineiro.
Está esquecendo a folia;
Não dão força, nem apoio
Muitos nem a prestigiam.

Ouvir um terno cantar
Pro menino Deus louvar
É uma emoção diferente;
Um acalanto para a alma.
Amor, ternura e calma.
Dá até saudade na gente.

Não acabe com a Folia
De tradição e beleza
Porque ela simboliza
Uma cultura de riqueza.

Assim peço à população,
Centro de cultura e comunicação,
Empresários e o povo em geral.
A folia é raiz tradicional,
Venham saudar o Deus menino,
Todas as noites de Natal...

Assim a folia vai ressurgindo, louvando a fé e os santos de devoção. A cultura não morre porque Téo está sempre agregando os jovens, despertando o gosto, o amor pelas nossas tradições, porque seu trabalho é plantar a arte no sertão.

RELIGIOSIDADE POPULAR

Mesmo envolvido com o grande evento de Alto Belo e suas atividades em São Paulo, Téo Azevedo ainda descobriu tempo para organizar a primeira Festa Folclórica da vizinha cidade de Glaucilândia. Organizou o evento convidando jornalistas e músicos regionais para participarem. E, para valorizar mais a pequena cidade, ele escreveu e musicou o *Hino de Glaucilândia*:

Ô querida Glaucilândia,
Do rio Verde uma flor.
Suas paisagens lindas
São cheias de esplendor.

Rio do Peixe lhe saúda,
E o rio das Pedras também.
Encontram o rio Verde
E formam o rio do bem.

O trem passa lá na linha,
Apita no pontilhão.
As piscinas naturais
Desaguam lá no poção.

Cantam o terno de folia.
Com devoção e candura,
A grandeza do seu povo,
Enobrecendo a cultura.

Viva a Santa Aparecida
Com seu manto protetor.
Abençoa Glaucilândia
Do rio Verde uma flor.

Salve Canuto de Quadros,
Lagoa do Boi, a primeira.
Manoel Zuba e João Baiano.
E a beata biscoiteira.

Todas estas atividades, desenvolvidas com a finalidade de plantar sua arte, fazem lembrar estes versos:

Caminha poeta erradio,
Eterno andejo da canção.
Tange sua viola, canta a ilusão
Segue divulgando a cultura.

Falando ao povo, juntando as classes,
Criando sua arte, plantando e colhendo.

A igreja de Bocaiúva era uma das mais antigas de Minas e abrigava raridades de artistas do império, mas infelizmente, por falta de conhecimento dos valores tradicionais, foi derrubada.

Hoje, no lugar, resta apenas um monumento de cimento. Téo, apesar de não estar sempre na igreja, é um homem dedicado a servir o próximo. Dele os foliões recebem todo apoio: abre as portas de sua casa para os visitantes. Na cozinha, grandes tachos de comida fumegam sempre à espera dos visitantes que vêm de longe. Uma vez por ano, através da folia, ele louva os santos da sua devoção, dedica dias e noites, acompanhando orações e ouvindo as graças dos moradores. E, do seu jeito, ele faz as suas orações em versos de cordel, a exemplo desta *Oração ao Senhor do Bonfim*:

Ô meu Senhor do Bonfim,
Dai-me a vossa proteção,
Eu te rogo de joelhos,
Com a minha devoção,
Me dê saúde e paz,
Muito amor no coração.

Ô meu Senhor do Bonfim,
Sou devoto por prazer,
Livrai-me dos invejosos
E de todo mal-querer,
Abra todos os meus caminhos
E ilumina o meu viver.

Ô meu Senhor do Bonfim,
Com Deus e a Virgem Maria.
Peço proteção para os meus,
Com trabalho e harmonia.
Abençoai o meu lar
Com vida e muita alegria.

Algo extraordinário acontece com este cordel-oração do qual Téo fez várias cópias e distribuiu durante os festejos. O povo contrito começou a ler como uma oração, pedindo milagres. "A fé remove montanhas", como dizem alguns que acreditam que a poesia é uma oração milagrosa. E rezam aos pés do Senhor do Bonfim.

HISTÓRIA DE IZILDINHA, A MENINA SANTA

Outro fato interessante é contado pelo próprio Téo. Ele ganhou do seu amigo Eloy Carlone, numa viagem à cidade de Monte Alto, SP, um livro que narra a história de uma menina que virou santa e faz milagres, Izildinha era seu nome, morava em Portugal. Vinha de uma família de seis irmãos. Um deles, o mais velho, mudou-se para o Brasil para tentar a sorte. Tempos depois, a menina, que tinha a saúde muito frágil, morreu. Logo correu o boato que a menina estava fazendo milagres e curas impossíveis. Seu irmão Altino, para prestar-lhe uma última homenagem, buscou os meios junto das autoridades para trazer seus restos mortais para o Brasil, mais especificamente para a cidade de Monte Alto (SP), onde seu irmão estava estabelecido.

O texto acima é apenas um resumo do livro sobre a menina milagrosa. Conta um pouco da sua história para justificar os versos do poema *Anjo do Senhor* (O Cordel de Izildinha), de autoria de Téo:

Meu nome é Téo Azevedo,
Meu repente é garboso,
O causo que vou contar
Me deixa muito orgulhoso.
Começou em Portugal,
Lá em Póvoa de Lanhoso.

Eu já gravei tantos discos,
Fiz tanta composição,
Sete livros editados,
Mil cordéis do meu sertão,
Porém hoje esta história
Comoveu meu coração.

Em dezenove de junho
Nascia uma criançinha
Mil oitocentos e noventa e sete
No meu verso, minha linha,
Nome de Maria Izilda,
Conhecida por Izildinha.

Tinha um jeito de anjo,
Como anjo ela viveu
Com fé seguindo a sina
Que o destino lhe deu,
Fases boas e ruins
Com tudo ela conviveu.

Até três anos de idade
Com os avós ela morava,
Segundo conta a história
Os avós a maltratavam,
E a saúde da menina
Aos poucos definhava.

Ela foi morar em Fafe
Padilha, outra região,
Voltou para os seus pais,
Com amor no coração,
Mas a saúde da menina
Não andava boa, não...

Foi morar em Guimarães,
Lugar lindo e humano,
Esse anjo de bondade,
Com seu jeito soberano,
Gostava de boa música,
Pois estudava piano.

Adorava a natureza
E os seus mananciais,
Parecia uma flor
Lá no meio dos florais,
O que mais ela gostava
Era lidar com os animais.

E mesmo muito doente,
Esse anjo do Senhor
Era cheio de ternura,
Paciência e amor,
Seu sorriso de bondade
Parecia uma flor.

Em vinte e quatro de maio,
Faço um esclarecimento,
Mil novecentos e onze,
Terminou seu sofrimento,
Por volta das quinze horas
Foi o seu falecimento.

O enterro de Izildinha,
Esse anjo de amores,
Foi simples, porém bem nobre,
Todo cheio de louvores,
No cemitério de Urgenses,
Todo coberto de flores.

Dos seis irmãos que tinha,
Um veio para o Brasil,
Casou com dona Rosinha,
Uma senhora gentil,
Que sempre tinha visões
Desse anjo tão sutil.

Altino mandou buscar
O corpo de irmãzinha,
Trazer para o Brasil
Os restos da criançinha.
Foi feita a exumação
Da querida Izildinha.

Passou trinta e nove anos
A história desse feito.
Quando abriram o caixão
Estava tudo direito,
Até as flores do enterro
Estavam do mesmo jeito.

A história se espalhou
Pela Europa inteira:
Que o anjo de bondade
Virou santa verdadeira.
A notícia chegou até
Nossa terra brasileira.

O Altino lutou muito
De maneira tão febril.
Trazer o corpo da irmã
Para as terras do Brasil
E no ano de cinquenta
Sua luta valeu mil...

Veio pra nossa terra
Essa filha de Maria.
De navio via Santos.
O povo com alegria.
E chegando em São Paulo
Foi aquela romaria.

No cemitério em São Paulo
O corpo foi repousar
Com gente de todo lado
Indo o túmulo visitar.
Era grande a devoção
O povo todo a rezar.

No ano de cinquenta e oito
Essa santa de humildade
Transferiu para Monte Alto.
O povo em felicidade.
Foi feito um mausoléu,
Engrandecendo a cidade.

E partindo dessa data
O desejo do irmão
O corpo de Izildinha
Já virou uma tradição
Pra sempre em Monte Alto,
Com a sua devoção.

O lugar onde ela está
Forma uma grande romaria,
Gente do Brasil inteiro,
Dia e noite, noite e dia,
É a fé em Santa Izildinha.
Qual o sol do novo dia.

Muitos milagres e curas
Que o povo tem alcançado,
Mina água do mausoléu,
Que o povo tem aparado.
Essa água misteriosa
Muita gente tem curado

De objetos de milagres
As paredes estão forradas,
Todos os tipos de cura
Foram todas comprovadas,
É o registro da verdade
Todas as graças alcançadas.

O povo de Monte Alto,
Numa eterna gratidão,
Cuida bem do mausoléu
Com toda veneração.
Esse anjo do Senhor
Faz parte da região...

Téo Azevedo, ao ler o livro sobre Izildinha ficou muito impressionado com a história de fé. Como tudo para ele resulta em versos, escreveu mais alguns em forma de oração: *A Oração da menina Izildinha*:

Minha Santa de bondade,
Izildinha de pureza,
Me ajudai com sua nobreza,
Eu peço por caridade,
Na sua simplicidade.

Eu lhe faço um pedido
Com paz no meu coração,
Com fé e compreensão.
Se pequei estou arrependido
Pelo que tenho sofrido.

Lhe devoto todo amor,
Eu lhe trago uma flor,
Ó minha santa menina,
Ó menina Izildinha,
O meu anjo do Senhor.

Me ajude nesta dor,
Sua graça e louvor,
Ó minha santa menina
Ó menina Izildinha,
O meu anjo do Senhor.

(Quem acredita, reza um Pai-Nosso e uma Ave-Maria na intenção da menina santa e deposita flores brancas no seu túmulo.)

LENDA DO PADRE ZÉ VITÓRIO

Quem já ouviu falar do Padre Zé Vitório, morto no Vale do Gurutuba, vítima de uma bala de ouro? Dizem alguns que ele faz milagres. É uma história fantástica já escrita pelo historiador Dr. Simião Ribeiro, no precioso livro *A bala de ouro*, registrando o fato de uma época de jagunços e coroneis, onde tudo era decidido à bala. A história também foi contada pelo historiador Hermes de Paula.

A antiga cidade de Gameleira (Janaúba) guarda lendas e histórias de assombração. Como o caso do gato preto e dos demônios que se reuniam na praça embaixo da gameleira. O sobrenatural caminha com a fé. Juntando-se a eles, Téo narra a lenda do Padre Vitório contada pelos mais velhos, que acreditavam nas almas penadas, no Romãozinho, nas orações para fechar o corpo contra bala. O cordel *Bala de ouro* é escrito no linguajar catrumano, que o artista mineiro divulga e difunde pelo Brasil.

O pueta do sertão
Que usa chapéu de côro,
No pisquim de jogá verso,
Sô um piriquito loro,
Vô cunta mais u'a istora
Qui é a bala de oro.

No arraiá do Gurutuba,
Im meu velso oratoro,
Viveu um pádi valente,
Pru nome de Zé Vitoro.
Eu num sei se tá no céu
Intonce no prugatoro.

São José do Gurutuba
Era o nome do lugá.
O pádi foi distacado
Pra nessas banda pregá.
Adispois de argum tempo
Cumeçou a azedá.

Nessa ária inxistia
Reduto gurutubano,
Além dos índio Tapuia
Qui tava no mermo prano,
O trio formô um inredo
Cum um pádi sergipano.

No tempo do carrancismo
O negoço era feio,
O pobre num tinha vez,
Nem a terra, nem isteio,
Ficava qui nem cochão
Amarrado pelo meio.

Ele foi briquitadô
Defendeno a pobreza,
Mas gostava du'a muié,
Esse trem é u'a beleza.
Nisso eu num vejo defeito
Eu acho qui é inté nobreza.

O bicho era corajoso,
Num injeitava u'a parada,
E nunca correu de ômi
Nem bando de jagunçada,
Brigava de faca e tiro
Era fogo na paiada.

Gostava du'a pulítica
E da dança do lundu,
De tocá u'a viola,
Brabo qui nem urutu,
Lenda do coipo fechado,
E a parte cum o Tolu.[2]

Ranjô bastante inimigo
Pru causa do seu jeitão,
Tinha que andá arimado
Im quarqué ocasião,
Parabelo e cartuchera,
Gravinoti e Musquetão.

Adispois de u'a briga
Tinha cuma festejá:
Cantava: "Matei mais um,
Na noite ia saudá.
Pegava a meia regra
Pra inhuma puntiá.

Inimigo ia cresceno
No passá do dia a dia,
Ele já tava sabeno
Que pirigo ele curria,
Fizero muitia imbuscada
E o pádi num murria.

E inté que lá um dia
De fogo[3], disse assim:
"A quem quisé me matá,
Pru mode vê o meu fim,
Tem qui se bala de ôro
Qui foi binzida pru mim".

Foi aí que os inimigo
Do pádi se reuniro:
Era Deus, Santo e Anjo,
E logo se dicidiro:
"Já discubrimo o segredo
Matemo o padi no tiro".

"Ah! Santíssima Trindade,
O momento foi chegado!
Vamo acabá cum o pádi
Que tem o coipo fechado.
Se tem parte cum diabo
Dispachamo o disgraçado".

---
[2] O diabo.
[3] Embriagado, bêbado.

Quem tem o coripo fechado
Pode sê maió valente
Só isperá a hora certa
Pru mode botá bem quente,
Quebra todo seu incanto
Dentro da água corrente.

Prepararo a arapuca,
Briquitaro cum maliça,
Istuciô sancristão,
Cum dinhero na carniça,
Zé Vitoro sem sabê
Binzeu a bala na missa.

A Santíssima Trindade
Era o nome da tucaia,
Foi os treis qui preparô
A trenhera da mortaia,
Cuntrataro um pistolero
Qui usava inté navaia.

Ladera do Gravatá
Qui o caso acunticeu,
Ia celebrá uma missa,
Siguino o caminho seu,
O pistolero atirô
Zé Vitoro padiceu.

Poco antes de morrê,
Jogô u'a praga na hora:
"Aqui nunca vai pra frente!
Juro pru Nossa Sinhora,
Inquanto a água num lavá
Meu sangue qui aqui afrora.

No lugá do acunticido
Acabô virano má.
Represa Bico da Pedra
Tomô conta do lugá,
E a pruficia do padi
Veio a concretizá.

Era o fim de mil oitucentos,
Esse pisquim[4] foi narrado.
Inté a Nossa Sinhora
Qui levava do seu lado
Ôje tá cum dotô Érimi
Cum us seus braço quebrado.

Pesquisei essa istora
Pru mais de quarenta ano,
Qui no lado oficial
Simião foi suberano
Na lenda e superdição
É pru donde vô remano.

Qué firmá o que falei
Intonce vá im Janaúba.
O Ivo mim ajudou,
Marcolino e Macaúba,
Num isqueço Grielão
São José de Gurutuba.

Vô parano pur aqui,
Sô matuto mais arisco.
Um dia essa istora
Eu vô gravá é num disco.
Um viva pru meu sertão
Do estado do São Francisco.

---
4. Pasquim.

Depois de muitas pesquisas, foi encontrada a imagem de Nossa Senhora da Conceição que o Padre Vitório sempre levava para suas celebrações. Nela falta uma parte do braço, arrancada no momento do tiro no padre. Tempos depois, a bala de ouro foi encontrada encravada numa árvore na ladeira do Gravatá, local da emboscada, hoje ela integra o acervo do historiador Dr. Simião Ribeiro Pires.

Dr. Hermes Augusto de Paula (6/12/1910 – 10/06/1983), médico, historiador e folclorista com a imagem de N. Sra. da Conceição faltando um braço no dia da tocaia na Ladeira do Gravatá. Janaúba (MG).

LITERATURA DE CORDEL ETERNIZANDO OS FATOS

Já andei muito neste mundo
Já fiz de tudo na vida...
Coisas que o povo comenta
E muita gente duvida,
Já fiz tanto do ofício,
Revolução e comício,
Mas só fico convencido
Quando sou reconhecido
Amansador de Burro Brabo...

Téo Azevedo – Braúna

A importância do cordel na história da literatura é conhecida por todos que se dedicam às letras. O cordel faz parte da cultura porque é a forma mais agradável de ler, ele faz o papel de um jornal informativo, como um noticioso que agrada a todos por sua simplicidade. A Rede Globo de Televisão levou ao ar em 1976 a magnífica ficção em cordel *O Pavão Misterioso*, de autoria de José Camelo de Melo Resende, como tema de *Saramandaia*, novela escrita por Dias Gomes. E, por último, a novela *Cordel Encantado*, de Duca Rachid e Thelma Guedes, foi ao ar em 2011, tendo como tema o cordel e seus personagens típicos.

O poeta Téo Azevedo tem uma grande quantidade de folhetos com assuntos diversos, a maioria voltada para a defesa da natureza. Outra habilidade do poeta de Alto Belo é escrever biografias em versos de personagens como Guimarães Rosa, Juscelino Kubitschek e Chico Xavier, trabalhos que ele faz com uma habilidade descritiva fantástica.

Neste capítulo destacarei alguns livros de cordel escritos por Téo Azevedo, ligados à nossa região, que fazem parte da história de Montes Claros. Reproduzir todos seria impossível. São milhares de trabalhos dedicados aos versos populares. Desde muito cedo Téo buscou o conhecimento da cultura popular, ergueu sua bandeira de luta, pesquisando minuciosamente as origens e as vertentes mais promissoras que é o Nordeste, berço do cordel no Brasil. Uma vida dedicada à arte. Aprendeu, criou um estilo próprio, onde Minas Gerais está sempre presente, por ser seu lugar de nascença e vivências.

No belo cordel abaixo, ele fala da vida do poeta João Chaves, nome destacado que faz parte da história de Montes Claros, membro de uma família de intelectuais que se destacam até hoje na música, jornalismo, medicina, direito, educação e filantropia.

O CORDEL DE JOÃO CHAVES

Pra falar de um grande homem,
Eu abro meu coração,
Fabuloso musicista,
Um mestre em fazer canção.
João Chaves, o menestrel,
Eu começo meu cordel
Cheio de inspiração.

Foi em vinte e dois de maio,
Data do seu nascimento,
Ano de mil e oitocentos.
Faço um esclarecimento.
E com mais oitenta e sete,
Nasceu firme no basquete,
Foi grande contentamento.

Foi o seu João Antônio
Gonçalves Chaves, seu pai.
Sua mãe foi Júlia Prates
Chaves que também vai.
Mineiros de tradição,
Gente do nosso sertão,
Do trem bão e do uai.

Jornalista Neytom Prates
Diz: João Chaves é jornalista.
Um brilhante orador,
E também era cronista.
Tudo fazia direito.
João Chaves foi perfeito,
Um fabuloso jurista.

João foi bom advogado
E um grande instrumentista.
Em tudo que ele tocou
Era um músico ativista.
E até flauta transversal
João tocava tão legal,
Pois nasceu para ser artista.

Com Maria das Mercês,
Sua fiel companheira,
Eram os dois de Montes Claros,
Cidade norte-mineira.
Com amor no coração,
Na mais perfeita união
Viveram uma vida inteira.

Maria da Conceição
Foi sua primeira filha.
Duas Marias do Rosário,
Eu vou seguindo a trilha.
Tinha Maria primeira
E a segunda companheira,
Uma dupla maravilha.

Maria Aparecida,
Conhecida por Chavinha,
E Ulpiano José,
Raimundo eu sigo a linha
E o José Sidney,
Henrique, que eu também sei,
Tá na poesia minha.

Viva Maria de Lourdes,
Salve a Lígia também.
Vou saudar a Risoleta,
Todos família de bem,
Eu falei dentro da lógica,
Da árvore genealógica
Que de João Chaves vem.

João, um polivalente
Da nossa literatura,
Cidadão montes-clarense,
Poeta de alma pura,
Pois a sua poesia
Era o sol de um novo dia,
Mostrando a sua cultura.

Eu começo com *Meu pai*
E depois, com *Inocência*;
Volto depois em *Minha alma*
Perdão, eu peço clemência.
Chavinha e *Despedida*,
Amo-te muito, querida,
Trabalho de competência.

Saudosa palmeira antiga,
Venho lhe pedir *Perdão*,
É uma *Eterna Lembrança*,
Sentença, *Intervenção*
Com *É tarde, dou Adeus*
Vou rimando para os seus.
A *Triste Recordação*.

Segredos, *José Eustáquio*,
O Príncipe e a Camponesa,
A Neta de um Repentista,
Rainha, uma beleza.
E o *Coração de Gelo*
Esquiva tem meu apelo,
Minha mãe, *Uma nobreza*.

Conto umas Boas Potocas,
A Cigana Brasileira,
Seguindo eu vou é linda,
A Religiosa Prisioneira.
Coroação de Maria,
Teus olhos uma alegria,
A Morte é traiçoeira.

Hino a Nossa Senhora,
Declaração de Amor,
Também a *Maior de Todas*,
A Criança é uma flor
Coração vazio é dó,
Salve a Flor de Maceió,
Moreninha, um fulgor.

A Separação dos Noivos
Viva *O Espalhafatoso*.
E um viva às *Floristas*,
Amor de Mãe é gostoso.
História de uma Exilada
Teus Olhos, querida amada
Divino Mestre, honroso.

Tem *Cristo e Tiradentes*
A Morte e a Ressurreição.
Os mais variados assuntos
Foram temas do João
Uma coisa que me importa
É ver uma *Criança Morta*
Dói muito meu coração.

Também *A Menor de Todas*
No meu verso humanista
E *A Filha de Czar*
Apelido em minha lista.
Paixão dos Outros ainda é,
Pois esse poeta de fé,
João Chaves, grande artista.

Caro bardo das Gerais,
Um grande homem gentil,
Todos te amam demais
A saudade está a mil.
Patrimônio cultural
De sua terra natal
E de todo nosso Brasil.

No dia onze de maio,
Mil novecentos vou falar,
Completa com mais setenta,
Nesta data o encantar.
O seresteiro fiel,
Nosso grande menestrel,
Partiu pra outro lugar.

Está com o Silva Reis
E o Leonel Beirão,
Com o Godofredo Guedes,
Hermes de Paula; um irmão,
É só cantoria bela,
Junto ao Cândido Canela,
O poeta do sertão.

O sonho da poesia
Viaja em todas as naves,
Quebrando os preconceitos,
Acabando com os enclaves.
O troféu de sua vivência
Foi amor e competência,
Que saudade de João Chaves!

A seresta *Amo-te Muito*,
Doce canto de ternura,
Maria de Lourdes Chaves
Canta com muita doçura.
Filha do nosso poeta;
A seresta é a sua meta,
Lola, dama da cultura.

Escrever sobre o poeta
Para mim foi um dever,
Meu parceiro de canções
Que fiz com muito prazer.
Musiquei com alegria.
Sua obra em poesia
Igual ao sol por nascer.

Eu, poeta do sertão,
Falo com desenvoltura
Tudo que me fere a alma
Quando trata de cultura.
Podem não conter beleza,
Mas é minha natureza
Transbordante de ternura. [5]

---

[5] Esclarecimento: nestes versos tudo que está com iniciais maiúsculas são os títulos dos poemas de João Chaves.

BRASÍLIA, CIDADE DA ESPERANÇA
Martelo agalopado

"Se Deus, para fazer o mundo, teve que trabalhar seis dias (mal comparando) terei as vinte quatro horas do relógio para construir a nova capital do Brasil."

(Juscelino Kubitschek, *Das confissões do Exílio*, de Osvaldo Orico)

Com José Bonifácio no Império
Já queriam mudar a capital,
A União e o Planalto Central,
Logo foi adotado esse critério.
O projeto seguia sem mistério
Um futuro com muita esperança,
Esperando alcançar com a mudança,
Foi o ano vinte e dois em sua sina.
Epitácio pôs a placa de platina
É Brasília, Cidade da Esperança.

Café Filho, com a área aprovada,
JK dominou cinquenta e sete.
E pegando bem firme no basquete,
Ele viu o início da jornada.
Vinte um de abril inaugurada
E no ano sessenta e um balança,
E Brasília, em passos de criança,
Teve festa, amor e poesia.
Com trabalho, com ordem e garantia,
É Brasília, Cidade da Esperança.

Foi no dia da inauguração
Tinha gente de todo o meu Brasil,
Também esse coral de encantos mil
E seu povo com mais satisfação.
O poeta entoou uma canção,
Cantando o nascer da confiança,
No arpejo da viola ele se lança,
O seu som espalhou no mundo inteiro.
Tinha gente de todo o estrangeiro.
É Brasília, Cidade da Esperança.

Essa história eu achei tão fabulosa
Que parece até mesmo uma odisseia.
Vou falar do autor desta epopeia
De Brasília, que é maravilhosa,
No Planalto hoje está tão orgulhosa.
Para o futuro deixou sua herança,
Assim como se toca a gente dança,
A beleza ficou tão paralela,
Que seu lago tem um lindo barco à vela.
É Brasília, Cidade da Esperança.

Foi o seu fundador homem de raça
Com ideias do ano de três mil,
Foi um bardo, um médico e varonil
Capitão e prefeito de uma massa,
Deputado e governo de uma raça,
Jornaleiro, ele foi quando criança,
Presidente pacato sem vingança,
Fez brotar mais o verde no cerrado.
Nunca vi outro tão capacitado.
É Brasília, Cidade da Esperança.

Foram poucos os homens da história
Que fizeram a cidade do futuro.
E lutando no claro e no escuro
Levando o Brasil até a glória.
O progresso hoje eu tenho na memória,
Ele quis nos deixar mais uma herança,
No Planalto o progresso se avança
Com o homem da tecnologia.
A cidade foi feita com maestria,
É Brasília, Cidade da Esperança.

Não esquecerei Bernardo Sayão,
Grande homem, também bom engenheiro,
Teve ao lado JK, grande mineiro,
Desbravando o terreno do sertão.
O progresso nasceu no coração,
O amanhã é o dia da bonança.
É o homem sensível uma criança,
Que mudou a estrutura do Brasil,
O progresso chegou a mais de mil.
É Brasília, Cidade da Esperança.

Niemeyer mostrou arquitetura,
Israel Pinheiro, o engenheiro,
Esse grande construtor era mineiro,
Niemeyer, arquiteto em formosura,
Estes homens lutaram com bravura,
Nos planos o progresso sempre alcança,
Caminho do futuro sempre avança,
Com amor, com trabalho e valentia,
Sem descanso via o romper do dia,
É Brasília, Cidade da Esperança.

Foi Cândido Portinari, um bom pintor,
Grandes obras de arte ele já fez,
Em Brasília, na arte, foi freguês,
Deu um toque de grande esplendor.
Iluminada pela luz do Senhor,
Brasília cresceu com segurança,
Menina moça que ainda usa trança,
O orgulho de todo brasileiro.
Foi criada com a coragem do mineiro,
É Brasília, Cidade da Esperança.

No plano piloto e no cruzeiro,
No Guará e núcleo Bandeirante,
Tem beleza demais a todo instante,
O trabalho, o recreio e violeiro,
Movimento de janeiro a janeiro,
Taguatinga está firme na lembrança,
E do jeito que espera se alcança,
É Ceilândia capital da poesia.
De poetas que tem filosofia.
É Brasília, Cidade da Esperança.

Eu adoro demais o bairro Gama,
Brasilândia já é minha paixão,
Lá também temos gente do sertão,
Planaltina é agora que me clama,
E cantando por lá já aboiei chama
E no lago passei quando em criança
E na pesca que o barco se balança.
Em Paranoá fui com a namorada,
A beijar numa noite enluarada,
É Brasília, Cidade da Esperança.

E o lindo Palácio da Alvorada
É a obra de arte em esplendor
Que foi feita com carinho e com amor,
É a arte por Deus glorificada.
Na sua estrutura planejada,
As colunas ficaram na lembrança,
Sua fama no mundo a gente alcança,
Por ser a maravilha do cerrado,
Que foi feita por homem capacitado.
É Brasília, Cidade da Esperança.

Falarei do Palácio do Planalto,
Um lugar que a beleza faz seu plano,
Construído em bem pouco mais de um ano
E com perfeição está no alto.
O cerrado coberto por asfalto,
O cascalho na hora se amansa,
E contando com a perseverança,
O orgulho da nossa arquitetura,
Elevou o Brasil em uma altura,
É Brasília, Cidade da Esperança.

Quem tentou duvidar do empreendimento
Eu garanto que já se arrependeu
Porque viu que o Brasil feliz cresceu
Como a luz que se vê no firmamento.
E o homem que tem conhecimento
Participa da mesma aliança,
Com coragem o Brasil todo se lança
No repente improviso no calango,
Nascendo em Brasília, é candango.
É Brasília, Cidade da Esperança.

Parabéns pelos seus cinquenta anos,
O planeta inteiro lhe admira.
Ao som divinal de uma lira,
Modernagem está em todos planos.
É do tchê, uai, óxente e os manos,
A cultura um coquetel de bonança.
Com canto, com viola e muita dança,
Variedades em estilos, mais de mil,
É um exemplo pra todo o meu Brasil,
É Brasília, Cidade da Esperança.

Já são muitos janeiros bem vividos,
De luta, batalha e muita glória,
O seu nome já entrou na história,
E no mundo em todos os sentidos.
A cidade de todos os partidos,
Um celeiro de luz e de bonança.
Esperamos com toda confiança
Que tem o nosso povo tão guerreiro.
Dá exemplo ao povo brasileiro,
É Brasília, Cidade da Esperança.

VIDA DE JUSCELINO KUBITSCHEK

"Não sabemos ressuscitar os mortos, mas podemos aprender a reviver seus sonhos."

André Maurois

Já falei de grandes lutas
De maneira tão fiel.
Nos rabiscos da caneta,
Vou cumprindo meu papel.
Hoje saúdo Juscelino
Num folheto de cordel.

Mil novecentos e dois,
Dia doze de setembro,
Com Diamantina em festa,
Lá nascia mais um membro.
É nos versos de cordel
Que das datas eu me lembro.

Nesse dia tão brilhante
E de grande empolgação,
O nosso Francisco Sá,
Ministro da aviação,
Estava em Diamantina,
Com grande recepção.

O arraial do Tijuco
Estava todo enfeitado,
Queima de fogos e música
Com gente de todo lado.
Juscelino veio ao mundo,
Num dia muito sagrado.

Dona Júlia, sua mãe,
Estava toda contente.
Tinha o seu terceiro filho,
Brotava mais uma semente,
Que do país brasileiro
Seria o maior presidente.

Juscelino Kubitschek
De Oliveira na história.
Maria da Conceição,
Sua irmã com muita glória.
O apelido de Naná
Ficou na nossa memória.

Tinha uma terceira irmã
Por nome de Eufrosina
Que viveu por poucos meses.
Morreu ainda menina;
Foi triste para a família,
Mas de Deus foi essa sina.

João César de Oliveira
Foi o pai de Juscelino
Que morreu ainda jovem,
Esse foi o seu destino.
Juscelino ficou órfão
Na idade de menino.

Seu pai era um boêmio,
Não perdia uma festa.
Mil novecentos e cinco
Foi-se a borboleta lesta.
Encantou em Diamantina
O seu mestre da seresta.

A origem Kubitschek
Vem do leste europeu.
Do país Tchecoslováquia
Era um bisavô seu.
O Senhor Jan Napumuscky,
Que ele nem conheceu.

Com a morte do marido,
Dona Júlia se mudou
De vida e de sua casa
E o casarão deixou.
O emprego de professora
Foi o legado que ficou.

Era uma mulher de luta,
Uma saga invejada.
Foi viver bem, na escola,
Onde era remunerada.
No morro da Grupiara
Passou uma temporada.

Para a rua São Francisco
Depois ela se mudou.
Lá bem perto da igreja,
Onde o marido enterrou.
Foi levando sua vida
Do jeito que Deus deixou.

O viver de Dona Júlia
No trabalho escolar,
Eram dois turnos por dia.
Ele teve que enfrentar.
Levava as duas crianças,
Para ela mesma olhar.

Ou deixava os seus filhos
Com Augusta da Generosa,
Que era filha de escravos,
Contava causos e prosa,
Histórias da escravidão —
Era ela fabulosa.

Dona Júlia professora
Tratou de educar os filhos.
Já pegou a sua dupla
E colocou ela nos trilhos
E os primeiros estudos
Fizeram com muitos brilhos.

A vida de Juscelino
Era toda controlada.
Não podia ir em festa,
Nem ficar com patuscada[6].
Nove da noite dormia
É a lição sacramentada.

O que tinha de fazer
Deveria ser bem feito,
Nada era pela metade,
Tinha que cumprir o eito
Era a lei da sua mãe,
Servia para qualquer pleito.

---

[6] Confusão, bagunça.

Júlia era rigorosa
Em tratando de vestir
Os filhos bem arrumados,
E um dever a cumprir.
Bem limpinhos e penteados
Gostava de exigir.

E da Igreja da Luz
JK foi coroinha
E muito religioso
Seguiu a sorte que tinha,
Não perdendo uma missa,
Dizia: – Obrigação minha.

No quintal da sua casa
Lá na rua São Francisco,
Tinha jabuticabeira,
JK ficava arisco.
Que no tempo dessa fruta
Era o seu maior petisco.

O sonho de Juscelino
Era ganhar um carneiro.
Ele pediu sua mãe,
Foi aquele laboreiro.
– Como é que vou te dar
Se não tenho o dinheiro?

E até que dia oito
De dezembro foi o ano.
Fez primeira comunhão
E não esqueceu o plano
E ao receber a hóstia,
Fez pedido soberano.

E não foi que Rita Flávia,
Uma senhora bondosa,
Deu três níqueis de tostão,
Uma forma generosa,
De presente a Nonô,
Que ele ficou todo prosa.

Era véspera de Natal
JK ficou contente,
Mostrou o dinheiro à mãe
Deixando ela ciente.
Três patacas de tostões
Deu ao Nonô de presente.

Juntou todo esse dinheiro
E naquele mesmo instante
Foi pra comprar o carneiro,
Fez um negócio importante,
Ficou feliz ao comprar
O seu carneiro gigante.

Mil novecentos e dez,
Um fato espetacular:
Já falaram que o mundo
Nesse dia ia acabar,
Que o Cometa de Halley
Com a terra ia chocar.

Muita gente apavorou
E foi aquela *Disgreta*.
Dona Júlia, inteligente,
Já sabia da mutreta:
Madrugada, chama os filhos
Pra ver passar o cometa.

Dona Júlia, depois disso,
Segundo li numa fonte
Ganhou por seu magistério
Um prêmio pra ornar a fronte:
Como brinde uma passagem,
Seguiu pra Belo Horizonte.

Por ser boa professora,
Foi o prêmio que ganhou.
Trinta dias em BH,
Foi o tempo que passou.
Juscelino com saudade
Da sua mamãe ficou.

Mais ou menos nessa época
Chega mais uma novidade:
Cidade Diamantina
Ganha eletricidade,
Com a vinda do progresso
Iluminando a cidade.

Mil novecentos e catorze,
Três de maio foi o dia.
A malha ferroviária
Chegou com muita alegria.
Curralinho, Diamantina,
Muita empolgação trazia.

Nesse dia, Diamantina
Teve uma grande festança.
Muita comida e bebida
Para o grande e a criança.
Juscelino se empolgou
E entrou nessa lambança.

Chegou em casa bem tarde,
Mas estava satisfeito.
Dona Júlia repreendeu,
Ele ficou meio sem jeito.
De repente respondeu:
– Um dia serei Prefeito.

E lá que um certo dia
Surgiu um acontecido:
Morreu aos setenta anos
O seu avô tão querido
Na fazenda do Bueno
Esse fato sucedido.

Juscelino ficou triste,
Vô Augusto faleceu.
Sempre passou as férias
Com vovô, amigo seu,
Uma morte dolorida
O coitado padeceu.

JK, aos doze anos,
Terminando o primário.
Lá não tinha o ginásio
Naquele sertão agrário,
Ficou tão preocupado
Que ficou meio solitário.

E falou pra sua mãe:
– Como a gente vai fazer?
A senhora sem recurso
Nada vai acontecer.
O que a gente ganha aqui
Não dá nem para viver.

JK teve uma ideia:
– Vou atrás do itinerário.
Mamãe, vamos nos virar,
Pois ninguém é milionário.
Eu não vou ficar parado,
Vou atrás do seminário.

Falaram com o Frei Vicente,
Que era o novo reitor.
Dona Júlia e Juscelino,
Recebidos com amor,
E o Frei já foi dizendo:
– Um dia vai ser Doutor.

Dos catorze aos dezessete
Juscelino batalhou.
Regime do seminário
Com garra ele enfrentou.
E dos padres lazaristas
O estilo adotou.

Tinha que vestir batina,
Barretes sobrepeliz,
Lavar sua própria roupa
Na bacia do chafariz,
Mas o sonho de ser médico
O deixava tão feliz.

E a Barra da Manteiga
Era uma brincadeira,
E os seus banhos de córregos
Sempre uma barulheira,
No Palha ou Figueiró
Ia com a turma inteira.

A gíria de zombeteiros
Ou beijar Santa Luzia
No mundo do seminário
Rolava no dia a dia.
Matérias que não gostava:
Álgebra, Geometria.

Era um aluno pacato,
Mas também foi corajoso.
O Paulo Kruger Correa,
Num momento perigoso,
Tava morrendo afogando
JK foi glorioso.

Juscelino entrou no poço,
Mesmo sem saber nadar,
Pegou Paulo pela mão,
Quase que veio afogar.
Assim mesmo conseguiu
O seu colega salvar.

Não tinha nem quinze anos,
Terminou o aprendizado.
Com os padres lazaristas
O jovem capacitado.
Sua meta: BH,
A capital do Estado.

Na sala em que estudou
Tem sua marca pioneira.
Deixou o nome gravado
Na tábua de sua carteira,
Feito com um canivete,
Um tipo de brincadeira.

A família, sem dinheiro,
Sem saber o que fazer,
Pra terminar os estudos,
Sem condições de poder,
O sonho de JK
Era sede do saber.

Ficar três anos parado
Para ele era o final,
Emprego não encontrava
Teve uma ideia legal:
Ficar estudando em casa
Foi um plano genial.

Pedia livro emprestado
Em toda Diamantina,
Em três anos de batalha
Começava na matina
Até a hora de dormir,
Essa foi sua rotina.

Colégio Pedro II
O programa adotou.
O ginásio oficial
Que no Brasil operou
E foi por esse caminho
Que JK começou.

Biblioteca da União
Operária frequentava.
E o estudo de línguas,
De que mais ele gostava.
José Eduardo Jasmim
Era o padre que ensinava.

Um devorador de livros
Era um obstinado.
Com James E. Hewitt
Ele ficou empolgado,
Lord Byron e Shakespeare,
Ele tinha dominado.

Também madame Louise
Com ele foi tão cortês,
Dando uma grande ajuda,
Foi assim que ela fez.
Na escola JK
Dominava bem francês.

Com ela adquiriu
Uma belíssima cultura,
Leu Molière e Voltaire,
O teatro de alma pura.
JK fez traduções
Da rica literatura.

E fim do ano dezoito
Foi triste a situação.
Ao chegar o fim da guerra,
Abalou a região.
A tal gripe espanhola
Matou gente de montão.

Juscelino, estudando
Sem sair do seu lugar,
E os filhos dos ricaços
Os pobres a esnobar.
Escolas em outras terras
Tinha como frequentar.

Mas a gripe espanhola,
Que só trazia era a morte,
Trouxe para Juscelino
Esperança e muita sorte.
Os colégios esvaziaram
E veio um projeto forte.

Era exame por decreto,
O senado instituiu.
Onze mil réis foi o preço
Que o governo exigiu,
Quatro exames de uma vez
Foi a chance que surgiu.

Álvaro Mata Machado,
Grande médico da cidade,
Mandou chamar Juscelino
Com muita ansiedade,
Mostrou a ele um jornal
Com uma grande novidade:

– Vai fazer sua matrícula
Em BH nesse instante,
Que chegou a sua vez,
Vai ser muito importante. –
JK contou à mãe
Esse caso é interessante.

Dona Júlia, muito alegre,
Na hora deu seu aval.
João Kubitschek, o primo,
Ia para a capital
Levar os seus documentos,
Foi momento genial.

Quarenta e quatro mil réis
Era toda economia
Que a Dona Júlia tinha
Lutando no dia a dia.
Ela deu para o filho
Com amor e alegria.

Ainda disse – Vai com Deus,
Acredite no Senhor.
Seja honesto na vida,
Que será um vencedor.
Do jeito que é bom filho,
Será também um doutor.

O amigo doutor Álvaro
Era um segundo pai,
Conselhos a JK
Da sua boca sempre sai.
Com fé pra Belo Horizonte
Nosso Juscelino vai.

E a maria-fumaça
Ficava na sua mente,
Sabia todos os apitos,
Era tudo de repente.
O misto lá de Corinto
Era o trem mais frequente.

Sempre que ele podia,
Visitava a estação,
Vendo os telegrafistas,
Aprendeu a profissão,
Que, quando faltava alguém,
Estava de prontidão.

E de tanto estudar,
Andava muito abatido.
Se alimentava mal,
O corpo enfraquecido,
O rosto amarelado,
Com jeito de mal-dormido.

De manhã batia bola
No campo da Esplanada.
Do Morro Vermelho, eu disse,
Uma rotina marcada.
À tarde banhos de córregos
Eram a sua jornada.

Na época tinha um amigo
Lá da terra do Bonfim,
Que na vida foi tropeiro
Zé Maria Alkimim,
Que fazia o normal
Muito inteligente, sim.

Zé Maria, seu amigo,
Morava com o irmão,
E que era o fotógrafo
Lá daquela região,
Com a prima de JK
Teve uma badalação.

João Nonô e Alkimim
Gostavam de passear
Bem no centro da cidade,
Ver as garotas passar.
Justamente com a Das Dores
Alkmim veio a casar.

Passear nas Capistranas
Era moda na cidade,
Usar polainas, piteiras
Só um rico de verdade,
Bengala feita de junco,
Símbolo de prosperidade.

Alkimim disse ao Nonô
Com o seu astral brilhante:
– Aqui não temos futuro,
É num lugar mais distante.
Vamos para BH,
Que será mais importante.

No início de dezenove
Pintava um sonho à vista.
Doutor Álvaro o chamou,
Com seu jeito humanista
Tava no Minas Gerais
Vaga pra telegrafista.

JK ficou alegre,
Recebendo a notícia.
Já falou prá sua mãe,
Que achou uma delícia.
– E o dinheiro da viagem? –
Aí pintou uma malícia.

JK, com esse emprego,
Poderia estudar,
Morar em Belo Horizonte,
Ao mesmo tempo trabalhar.
E os duzentos mil réis
Para poder viajar?

Dona Júlia, no sufoco,
Pensou naquele momento,
Lembrou de um colar de ouro
Que ganhou no seu casamento,
Disse: – Venda esse colar,
Será o seu linimento.

Cento e oitenta mil réis
Juscelino então vendeu
Para seu Cosme, o ourives,
Foi o jeito que se deu.
Com o coração partido,
Dona Júlia compreendeu.

Maior de dezoito anos
Que podia escrever
E não tinha a idade,
Como ele iria fazer?
Com ajeito do Pepino
Ele pôde resolver.

O Ninico era amigo
E também tabelião.
Preparou pra Juscelino
Uma nova certidão:
Mais dois anos na idade
Essa foi a solução.

No outro dia, de manhã,
Pegou o seu matulão,
Uma mala na cabeça,
Lhe doía o coração.
Primeira vez que saía
Lá da sua região.

Um terno de casimira
Parecendo um bacurau,
Paletó foi do avô,
Um jeito de capiau,
A calça era do primo,
Que até lembrava um jirau.

Uma lata saroba
Que a sua mãe lhe deu:
Era um frango com farofa.
Esse coitado sofreu
E até Belo Horizonte
Foi o alimento seu.

Novecentos e dezenove,
Dezenove era o dia.
Já foi a boca da noite
Que virou uma alegria,
Chegava a BH
Com sorriso e simpatia.

Era num dia de festa,
Tinha uma inauguração,
Da linha Bitola Larga,
Grande movimentação.
Os seus primos o esperavam
Lá dentro da estação.

Lá na rua Rio Preto,
Onde ele foi morar,
Numa casa alugada,
Com os primos foi juntar
E o bairro da Floresta
Foi o primeiro lugar.

Juscelino, deslumbrado
Com aquele visual,
Uma cidade gigante,
Como nunca viu igual.
Tudo era novidade
Na imensa capital.

Dia vinte e um de julho
Prestou a primeira prova.
Voltou pra Diamantina,
Esperando vida nova.
Dezembro, o resultado
Pra ver se o governo aprova.

E enquanto esperava
A sua nomeação,
Exames preparatórios
Eram a nova função
De tentar a faculdade
Sem ter no bolso um tostão.

Dona Júlia, preocupada,
Com os exames parcelados,
Começou a matutar,
Sem achar os resultados,
Até que em sua cabeça
Viu fatos inusitados.

– Procure o Tio Fernandes,
Ele vai nos ajudar.
Peça duzentos mil réis
Pra ele nos emprestar,
Senhor Sica da Gouveia,
Pessoa espetacular.

De novo a BH,
JK ficou freguês.
Com os seis preparatórios
E feliz naquele mês.
Tinha passado tão bem
No inglês e no francês.

Voltou a Diamantina
Para poder se preparar.
Faltavam mais quatro exames
Pra o pacote completar.
E assim na faculdade
Ele poderia entrar.

Em dezembro, ano vinte,
Foi aquela latomia.
Ele fez mais quatro exames,
Quase finalizaria.
Ainda ficou pendurado
Com a tal geometria.

No final do ano vinte,
Tomou uma decisão:
Viver em Belo Horizonte,
Teve essa convicção.
Na avenida Afonso Pena
Foi morar numa pensão.

Em maio de vinte e um
Esse jovem ativista,
Após passados dois anos,
Alcançou nova conquista:
Ele era nomeado
Para ser telegrafista.

No ano de vinte e dois,
Com muita capacidade,
Fez os exames finais,
Foi uma felicidade.
Tinha passado em tudo
E entrava na faculdade.

De noite, um telegrafista,
De dia era estudante.
Por muitos anos assim,
Seguiu a esse rompante.
Uma vida tão difícil,
Mas ele seguia adiante.

Pedro Nava, seu colega:
– JK, diz para gente
Onde arranja tanta força,
Com saúde e tão contente?
Parece que é de ferro,
Pois anda tão sorridente.

Outra coisa que deixava
Pedro Nava impressionado:
Como que o Juscelino
Ser tão atualizado,
Se era um telegrafista
Tinha notícia ao seu lado.

KBT, eu falarei,
É código telegrafista.
Sobrenome JK
Foi tirado dessa lista,
E como um pseudônimo
Que usa todo artista.

Mil novecentos e vinte
E três: primeira viagem.
Convite de Odilon Behens,
Com muita camaradagem.
Foi ao Rio de Janeiro
E vê a bela paisagem.

Sua segunda viagem,
Cumprindo essa jornada,
Mil novecentos e vinte
E cinco é outra a parada:
Em São Paulo há um encontro
De estudantes e mais nada.

Ele junta os seus colegas,
Foram todos ver o mar.
Pegavam o trem da Rail Way,
Foram a Santos passear.
Poesias de Vicente
De Carvalho declamar.

Mil novecentos e vinte
E seis: crise no pulmão!
Doutor Alfredo Balena
Viu sua situação,
Fez exames de catarro
E deu sua orientação:

– Vá descansar uns seis meses,
Do serviço e faculdade.
Vá para Diamantina,
Onde é sua cidade.
É porque o seu estado
Tá de péssima qualidade.

Pois o pai de JK
Faleceu tuberculoso.
Ele já ficou com medo
E aí foi cuidadoso.
Voltou à terra natal,
O seu mundo tão gostoso.

E fez o seu tratamento
Pelo caminho caseiro.
O quiabo com angu
Com um frango bem roceiro,
Quitanda de todo jeito,
Gostoso feijão tropeiro.

Com alimentos matutos,
Tudo na lenha e fogão.
Depois de passar seis meses,
Veio a recuperação.
Dona Júlia e Naná
Fizeram dele um leão.

Uns seis meses sem serviço,
Que o trem foi de lascar.
Chegando a Belo Horizonte,
Muita conta pra pagar.
E JK na pendura
Já procurou se virar.

Para o tio Eufrozino
Juscelino escreveu.
Contou tudo para ele,
Dizendo o que aconteceu.
Terminar a faculdade
Era um desejo seu.

Cento e cinquenta mil réis
Era quantia avultada.
Era durante seis meses
Cobria dívida atrasada.
O seu tio tão bondoso
Chegou junto na parada.

Também o Nilton Fonseca,
Que era primo e companheiro,
Lhe deu quinhentos mil réis,
Boa ajuda em dinheiro,
JK agradeceu
Esse gesto hospitaleiro.

Certa feita, Juscelino
Fez a Naná cortesia.
Passear em BH
JK convidaria.
Ela logo aceitou
E foi aquela alegria.

E lá na Afonso Pena,
Com a Naná passeando,
De repente um cachorro
Veio latindo e rosnando.
Em seguida a Naná
O cão foi atacando.

Ele não mordeu Naná,
Pois o dono dominou.
Mas a doença do medo
Na hora ela pegou.
E com uma icterícia
Bastantes dias ficou.

O Miguel e a Eltevina
Eram os donos da pensão.
Chamar o Júlio Soares
Foi primeira solução,
Que já era quase médico,
Tratava com precisão.

Júlio fez o tratamento
E Naná logo sarou.
E nesse meio de tempo,
O casal se enamorou.
Ele pediu casamento
E a Naná aceitou.

Júlio casou com Naná,
Esse foi o seu destino.
Era cunhado e amigo
E um pai prá Juscelino.
Os dois eram dedo e unha
Dia e noite, sol a pino.

Convidava o JK
Pra morar em sua casa.
Juscelino, sistemático,
A parada não topava.
A Naná também pedia,
Mas ele não aceitava.

Certo dia, JK
Deu uma crise de novo.
Ficou todo *fulengado*
Igual um pinto no ovo.
Estava em cima da cama
Que o *trem* foi um estorvo.

O Júlio, sabendo, disse:
– Naná, venha me ajudar.
Vou pegar o meu cunhado,
Tirar daquele lugar
E, nem que seja na marra,
Ele vem pra o nosso lar.

Assim o plano foi feito,
JK ficou atento.
E bem no porão da casa
Ganhou um apartamento
Para morar e estudar
Sem ter aborrecimento.

Entrada e saída livre,
JK tava à vontade.
Virou ponto dos amigos
Com música de qualidade,
Radiola Panatrope,
Das primeiras da cidade.

Terminando o quinto ano,
Com estágio de enfermaria,
Que era na Santa Casa,
Na clínica de cirurgia,
Junto com Júlio Soares,
Que ensinava o que sabia.

Não gostava de política,
Mas gostava de dançar.
Apelido Pé de Valsa
Mais tarde veio a ganhar
E os jogos do Atlético
Gostava de apreciar.

Assistia aos bons filmes
Nos cinemas da cidade,
No Pathé ou Odeon,
Era uma felicidade.
O sonho de ser um médico
E conquistar a cidade.

Certo dia, numa festa,
Era num grupo escolar,
O Barão de Rio Branco,
Um fato espetacular:
Conheceu a jovem Sarah
E encantou com o seu olhar.

Era Sarah Gomes Lemos,
Mãe, a Luisa Negrão.
O Jaime Gomes de Souza
Tava na reunião,
Era o pai da jovem Sarah
Família de tradição.

Juscelino era humilde,
Porém topou namorar.
Encontrava aos domingos
No *footing* pra passear
Na Praça da Liberdade
Ou um filme apreciar.

Dezessete de dezembro,
Do ano de vinte e sete,
E essa data histórica
Que o destino promete
No mundo da medicina
Foi firme no seu basquete.

Faculdade de Direito
Foi o cerimonial.
Com catorze estudantes,
Uma turma tão legal,
Todos lá no salão nobre,
Uma festa sem igual.

Dona Júlia, a genitora,
Professora muito fina,
A mamãe de JK,
Foi Deus quem deu essa sina,
A responsável por tudo
E uma grande heroína.

Olhares apaixonados
Dona Júlia percebeu
E disse para Nonô:
– Esse amor é todo seu...
De JK com a Sarah
O namoro compreendeu

Após sua formatura
JK tava esgotado,
Ficou um mês só de cama
E depois ficou curado,
Consultoria baiana
Foi trabalhar com o cunhado.

E por volta de dois anos
Com o Júlio trabalhou,
Na imprensa oficial
Ele também clinicou.
José Maria Alkimim
Foi quem a ele indicou

Certa vez, uma mulher,
Com uma gravidez tubária,
Morava em uma fazenda,
Numa região agrária.
Juscelino quem salvou
Aquela pobre operária.

Pois, além de socorrer
A mulher, ele operou,
Levou para BH,
O serviço executou.
Depois desse acontecido,
Sua vida transformou.

A arte da medicina
Queria estudar mais.
Preocupado com a saúde
E os problemas sociais.
O seu sonho era Europa
E deixar Minas Gerais.

Em março do ano trinta
Votou a primeira vez.
E foi pra Getúlio Vargas,
Foi um perdedor cortês,
Mas o seu sonho mais alto
Era o solo francês.

E já no ano de trinta,
Final de abril se viu,
E no navio Formose
Nosso JK seguiu
Diretamente pra França,
Nosso médico partiu.

E o Antoine Mourthé,
Que era um engenheiro,
Perguntou: – Que vai fazer
Nas terras do estrangeiro?
– Conhecer urologia
E sabê-la por inteiro.

O Maurice Chevassu
Vai ser o meu professor,
Discípulo de Albarran,
Que foi um grande mentor,
Lá no hospital Cochin
Demonstrou grande valor.

Descem na bela Palisse
Tomam o trem pra Paris.
Viajaram a noite toda,
Foi um trajeto feliz.
Na manhã chegam à terra
Do voo do 14 Bis.

Num hotel meio simplório
JK foi se hospedar.
Esperando o seu curso,
Começou a passear
E os lugares da arte
Não parou de visitar.

Quando a saudade apertava,
Ia ao *Café du Brésil*
Comer uma feijoada,
Tomar um café sutil,
Conversar com alguns amigos.
Isso lhe deixava a mil.

Com Cândido Portinari
Ele sempre se encontrava.
E o Leopoldo Fróes,
Com quem também conversava,
Seguia ao Pronto-Socorro,
Local onde estagiava.

O seu curso começou:
Três semanas de intensivo.
Havia dezoito médicos,
Todo mundo muito ativo.
Aprender bem a matéria
Pra o curso ser prestativo.

Aderbal de Figueiredo,
Um amigo que surgiu,
Também estava no curso
E logo lhe descobriu.
Com muita dedicação
Esta fase concluiu.

Aproveitando a viajem,
Resolveu a prolongar
E pelo Mediterrâneo
Oriental passear.
Do Egito até a Grécia,
Terra Santa foi chegar.

O Navio era o Lótus
Partiu para Alexandria.
César Lacerda Vergueiro
Encontrou naquele dia
Com o político paulista,
Foi uma imensa alegria.

De trem foi para o Cairo,
Conhecer um outro lado:
As pirâmides de Quéops,
Rio Nilo festejado,
As de Quéfren e Miquerinos,
Foi seguindo o seu traçado.

A Esfinge de Guizé
Ele também visitou
Espólio de Tutancâmon
Jafa e Belém viajou
Jerusalém, Nazaré
E no Líbano chegou.

Foi da Síria a Beirute,
Rodando o mundo afora,
Damasco e o Mar Negro,
Navegou e foi embora,
Ilhas gregas e o Mar Egeu,
Nápoles o lótus tora.

De Marselha a Viena,
Antes foi para Milão
E viu a Última Ceia,
Foi uma grande emoção,
De Leonardo da Vinci –
Mexeu com seu coração.

De Veneza a Florença,
Depois foi para Viena,
Fazendo estágio médico
Naquela terra serena.
De vapor pra Budapeste,
Sua vida virou cena.

Foi até Tchecoslováquia,
Em Praga, a capital,
Sobrenome Kubitschek
Nessa terra é normal,
Raiz dos antepassados,
Sua origem natural.

Dia doze de setembro,
Dia trinta era o ano,
Era o seu aniversário,
Ele pensou sem engano:
"Eu sozinho aqui em Praga,
Cidadão brasiliano".

À noite foi pra Alemanha,
Na cidade de Berlim,
Fazer seu estágio médico
Naquele mundo sem fim.
Encontrou José Ferola,
Um colega, até que enfim.

Ferola disse a ele:
– Tem aqui um brasileiro,
Doutor Antônio Prudente,
É um paulista guerreiro,
Que pesquisa sobre câncer. –
Conheceu o companheiro.

Ferola lhe disse assim:
– Houve uma revolução.
Getúlio tá no poder,
Ganhou de armas na mão.
Em três de outubro mudou
O comando da Nação.

JK foi a Paris
Preparar para voltar.
Por Colônia e Bruxelas,
Em Londres pôde passar.
Deposto Washington Luiz,
Ao Brasil vai retornar.

Almirante Alexandrino
Foi o navio que voltou.
Na escala na Bahia,
Uma novidade rolou:
Três nomes em evidência
Da revolução encontrou.

José Américo de Almeida,
Que era paraibano,
Também Juarez da Távora
Estava no mesmo plano.
E Juracy Magalhães,
Era o trio soberano.

Sexta-feira, vinte e um
De novembro, ele chegava.
Era o ano de trinta,
Sua viagem terminava.
Vinte dias de navio,
No Brasil ele pisava.

A Sarah lhe esperava
Na casa do seu irmão.
Pediu ela em casamento,
Foi grande satisfação,
Seria ano seguinte
Essa histórica união.

Voltando pra BH,
Tudo na estaca zero,
Recomeçar a sua vida
E deixar de lado o lero.
Mergulhar na medicina
"Isso é tudo que eu quero".

Levantava às sete horas,
Na Santa Casa atendia
Os doentes do São Lucas,
Logo depois prosseguia
À tarde na faculdade,
Essa rotina seguia.

E no dia dezessete
De março eu vou falar:
Juscelino conseguiu
Na força pública entrar,
No hospital da polícia
Aonde foi trabalhar.

O Gustavo Capanema
Lhe ajudou nessa parada.
E sua futura sogra
Também tava na jogada:
JK, capitão, médico,
Enfrentou nova empreitada.

Capanema, secretário
Da pasta do interior,
Queria mudar a imagem
De um militar doutor.
A fama era terrível,
Precisava ter valor.

JK fez novo quadro,
Um trabalho de louvores.
Convidou pra trabalhar
Só os médicos professores.
Melhorou a qualidade
E acabou os dissabores.

E o médico militar,
Fama de má qualidade,
Mudou da água pro vinho,
Mostrando capacidade,
Uma grande eficiência
Com toda honestidade.

Última farra de solteiro
Foi na rua da Bahia,
O antigo Trianon,
Odilon e José Maria
E junto ao Pedro Nava,
Foi tremenda a alegria.

Estava o Newton Fonseca
E também Oscar Barbosa,
Mário Pires e Pedro Sales,
Cantavam em verso e prosa
Peixe vivo e outras músicas,
Uma noite saborosa.

No dia do casamento,
Lá no Rio de Janeiro,
Foi em trinta de dezembro
De um modo bem mineiro,
Lá na Igreja da Paz,
Fim da vida de solteiro.

Ela vestia um longo,
Dispensou véu e grinalda.
Ele em traje social.
A união foi formada,
Sendo um casório simples,
De novo não houve nada.

No antigo Hotel Londres
Passaram a lua-de-mel
E na passagem de ano
Seguiram o mesmo papel
Curtindo aquela virada
No Copacabana Hotel.

Voltou a Belo Horizonte,
No sossego e casado.
Mas dia nove de julho
O banzé tava formado:
Estoura a revolução,
JK foi convocado.

São Paulo contra Getúlio
E os mineiros ao seu lado
E o túnel de Cruzeiro
Por paulistas bloqueado.
Às três horas da manhã,
JK foi acordado.

JK disse à esposa:
– Eu tenho que trabalhar.
Mentiu pra ela duas vezes,
Tentando a enganar.
Para a frente da batalha,
Serviços ia prestar.

Na estação ferroviária,
Ele embarcou no trem.
Com três dias de viagem,
No balanço vai e vem,
Chegava em Passa Quatro
Levando todo terém.

Lá estava o regimento:
Era de cavalaria.
Vinha de Três Corações
Com toda a galhardia
O Eurico Gaspar Dutra,
Que essa tropa chefia.

E lá do São João Del Rey
A força pública mineira.
Paulistas entrincheirados
Na serra da Mantiqueira.
Só ouvia tiros e mortes,
Foi aquela desgraceira!

Juscelino lutou pouco
Lá na frente da batalha.
O trem foi um fuzuê,
Nunca viu tanta mortalha.
O barulho de canhão,
De granada e metralha.

E depois foi transferido
Pra montar um hospital.
Na Casa de Caridade,
Foi escolhido o local
E caminhões de feridos –
Era uma coisa anormal.

Um ferido muito grave
Oito tiros recebeu.
Tinha que ser operado,
Veja o que aconteceu:
Faltava anestesista,
Um triste fato se deu.

Tinha um coronel doutor
Que estava na cidade.
Não quis dar anestesia,
Foi uma calamidade:
Juscelino peitou ele:
– Isso é uma barbaridade!

JK teve uma ideia:
Chamar um veterinário,
Pois a única salvação
Foi o tratador agrário:
A máscara de clorofórmio
Resolveu pro operário.

E com todos os problemas,
JK foi sem igual.
Até parada cardíaca
Ele resolveu normal.
O soldado se salvou
E saiu do hospital.

Sucesso da cirurgia
Espalhou pra todo lado.
O nome de Juscelino,
Cada vez mais aclamado,
E o moral dessa tropa
Tava todo levantado.

O caso da anestesia
O coronel perdoou.
JK deixou pra lá
E ele não processou,
Pois no meio do exército
Simpatia ele ganhou.

Certa noite, Juscelino
Cuidava de um oficial.
A irmã Marie lhe disse:
– Quem chegou ao hospital
Para nos dar uma ajuda
É o grande Padre Kobal.

Batalha da Mantiqueira
Era coisa pavorosa,
E o tempo se passando,
Cada vez mais cavernosa.
Muita chuva e muito frio
E a montanha nebulosa.

Benedito Valadares
Nesse tempo era Prefeito
E lá em Pará de Minas
Teve a empreitada do eito:
O delegado do túnel
E estava satisfeito.

Foi o capitão Ernesto,
O primo do presidente,
Na batalha pelo túnel.
Foi um homem competente,
Ajudou Minas Gerais,
E o Brasil da nossa gente.

Os paulistas recuaram,
Voltando para Cruzeiro.
A guerra estava perdida
Para o batalhão mineiro.
Cada dia que passava
Reduzia o desespero.

Dia doze de setembro
Era o seu aniversário.
Paulistas deixaram o túnel
Do ramal ferroviário.
A guerra estava acabada,
Mudando de itinerário.

Era ano trinta e dois,
Dia treze de outro dia.
Kobal e a irmã Marie
Acordaram com energia,
Sem o barulho das armas,
Foi aquela alegria.

Tinha terminado a guerra,
Sem vencido ou vencedor.
O Brasil contra o Brasil,
Para mim foi um horror.
JK dizia assim:
– O país foi perdedor.

Da guerra da Mantiqueira
A política aflorou.
Foi Eurico Gaspar Dutra,
Presidente que brotou,
E mais dois governadores
Foi o saldo que ficou.

Olegário Maciel
Era o governador.
Benedito Valadares,
Sendo o interventor
E chefe de gabinete
No tempo do dissabor.

Nomeado interventor
O cargo de Juscelino
No instante trouxe à tona
A conversa de menino.
A política entrava
Na sua vida e seu destino.

A sua primeira obra,
A Ponte do Ribeirão
Do Inferno, era o nome
Lá de sua região,
Ligando Diamantina
Ao Rio Vermelho de então.

Outubro de trinta e quatro,
Outro fato genial:
Ele foi o mais votado
Deputado Federal,
Uma proeza e tanto
Que nunca teve outra igual.

No ano de trinta e cinco,
JK, bastante ativo,
Fazendo suas campanhas,
Educado e cativo,
Nos comícios adotou
A canção do *Peixe vivo*.

No ano de trinta e sete
Chega o Estado Novo
JK deixa a política,
Para ele um estorvo.
A ditadura de Vargas
Veio oprimir o povo.

Era aquele o mês de abril,
Dezesseis, ano quarenta.
Valadares no Governo,
Em Minas a coisa esquenta.
Juscelino, convidado,
Resiste mais não aguenta.

Foi nomeado prefeito.
Até que enfim aceitou.
Comandar Belo Horizonte
O destino lhe chamou.
Com muita modernidade,
Juscelino governou.

Construiu muita estrada,
Também rua e avenida,
A rede subterrânea,
E de luz deu a partida,
Telefone para o povo,
Fez Pampulha ter mais vida.

Ele chamou Niemeyer,
Que fez uma coisa eterna.
Esse grande arquiteto,
De uma qualidade terna,
Planejou com JK
Arquitetura moderna.

A igreja da Pampulha,
No conjunto integrado,
Um cassino, uma lindeza,
A Casa do Baile ao lado,
E com o Iate Clube,
Um quarteto respeitado.

No fim da segunda guerra,
Getúlio acaba deposto.
Nas bandas da prefeitura,
JK perde seu posto.
E para a política, então,
Ele toma um fino gosto.

No dia dois de dezembro,
Uma nova eleição:
Tancredo e Alkimim
Se elegem na votação.
Capanema e Benedito
Também têm aprovação.

Juscelino uma vez mais
Se elege deputado,
E vai morar lá no Rio,
Deixando o seu estado.
Com o clima carioca,
Não estava acostumado.

E a sua filha Márcia
Vivia na solidão,
Andava muito doente,
Sem ter nem motivação:
Era falta de um mano
Pra alegrar seu coração.

JK e Dona Sarah
Ficaram um dia sabendo
De um casal de Montes Claros
Que andava padecendo:
Onze filhos pra criar
E a despesa escafedendo.

Osvaldo e Dona Judith
Tinham uma filha bela:
JK e Dona Sarah
Se encantaram com ela,
Uma garota bonita
Por nome de Maristela.

No ano quarenta e sete
Maristela é adotada.
Estava com quatro anos,
A história está contada.
A mesma idade de Márcia
E a ferida foi sarada.

Julho de quarenta e seis,
Um trabalho diferente:
Junto a vários deputados
E num gesto inteligente
Tomaram um avião
Pra conhecer nossa gente.

Um Brasil tão diferente
Do acostumado a ver.
A paisagem tão bonita,
Mas pobreza de doer.
Foi uma grande lição
Que JK veio a ter.

Maio de quarenta e oito,
JK muda os sentidos.
Embarcou no Argentina
Para os Estados Unidos.
Chegando a Nova York,
Arranha-céus parecidos.

E de lá pro Canadá,
Em Ottawa e Montreal,
Toronto e depois voltou
Pra Detroit, tão legal.
Terminando em Chicago,
Um passeio sem igual.

A viagem foi escola
De uma tecnologia
Em estradas de seis pistas,
Quedas d'água e energia
E coisas que no futuro
Que ele aproveitaria.

E no ano de cinquenta,
Novo rumo em sua vida:
Candidato ao governo
De sua Minas querida
E a sua mineirice,
A alma da sua lida.

Cento e sessenta e oito
Municípios percorreu.
Num avião pra Peçanha
Quase que ele morreu.
Pra campanha disputar,
Mas no fim tudo valeu.

Estava o Gabriel Passos
Que era seu concunhado.
Não aguentou JK
E no fim foi derrotado,
Que no dia trinta e um
Juscelino é empossado.

Era em cinquenta e um,
Mesmo dia, vou dizer.
Lá no Rio de Janeiro
Mesmo fato acontecer:
Posse de Getúlio Vargas
Que retornava ao poder.

Teoria do Binômio,
Energia e transporte,
Sugeriu Pedro Calmon
Pra Minas ficar mais forte,
Saúde e educação
Aguentam qualquer suporte.

Foi criada a CEMIG,
Que foi um grande sucesso.
Maio de cinquenta e dois.
Minas saiu do recesso,
Com apoio da energia
Veio depressa o progresso.

Mais de trezentos quilômetros
De estradas construídas.
Duzentos e cinquenta e uma
Pontes que foram erguidas,
Siderúrgica Mannesmann
Melhorou as nossas vidas.

Até em cinquenta e cinco
Ele ficou no poder.
Mineiro gostou demais,
Foi cumpridor do dever,
De moderno e dinâmico
Ninguém irá lhe esquecer.

Dia doze de agosto
Cinquenta e quatro em ação.
O Presidente Getúlio
   Veio pra inauguração:
Companhia Mannesmann,
Festejando a ocasião.

E doze dias depois,
Vinte e quatro de agosto,
Getúlio suicidou-se,
Causando muito desgosto:
Um tiro no coração,
Vargas perdia o seu posto.

Entra o vice Café Filho,
Que assume a presidência.
Eleições foram marcadas.
Três de outubro com urgência:
Ano de cinquenta e cinco
JK com consciência.

Já foi deixando o governo
E logo candidatou.
O Social Democrático
Foi o partido que entrou.
O seu vice João Goulart
A parada disputou

Cinquenta anos em cinco,
A campanha eleitoral.
Havia um movimento
Pra abaixar o seu moral.
Juscelino não deu bola.
Deu virada genial...

Dia quatro em Jataí,
Era ainda mês de abril.
JK fez uma promessa
Com seu jeito tão sutil:
Mudaria pro Planalto
A capital do Brasil.

O exército na rua
Garantiu a eleição.
Juscelino foi eleito,
Com a grande votação,
O vigésimo segundo
Presidente da nação.

Foram três milhões de votos
Setecentos e setenta
Mais quatrocentos e onze
Que o JK arrebenta
Juarez Távora perde,
A parada não aguenta.

Vai aos Estados Unidos
Visitar o presidente.
Encontrou com Eisenhower,
E ficou muito contente
Também com Richard Nixon,
Um vice inteligente.

Viaja para a Europa:
A Bélgica e Alemanha,
Holanda e Portugal,
A França e a Espanha,
Itália e no Vaticano
A bênção do Papa ganha.

No trinta e um de janeiro,
Cinquenta e seis registrado,
O Brasil todo contente,
Com festa pra todo lado,
Na Capital Federal
JK foi empossado.

Por volta das quinze horas,
No Palácio Tiradentes,
Tomava posse o maior
Entre todos presidentes.
Sua família e o povo
Lá se fizeram presentes.

Foi uma festa bonita,
Com amor e alegria:
Um governo transparente,
Exemplo em cidadania,
E no final disso tudo,
Um show de democracia.

Ao se instalar no Catete,
Já de caneta na mão,
Solicitou ao Congresso
De cara uma abolição:
Era o Estado de Sítio,
Vergonha para nação.

A censura da imprensa
Ele também aboliu.
O seu programa de metas
Bem depressa instituiu:
José Maria Alkimim
Na Fazenda ele pediu.

Trinta metas do programa
E a Síntese Construção
De Brasília, a Capital,
Era essa direção.
Melhor vida para o povo
E o bem para a nação.

General Teixeira Lott,
Um ministro exemplar,
No Ministério da Guerra
É onde foi trabalhar,
Cumpridor do seu dever
E da hierarquia militar.

Caso Jacareacanga,
Em onze de fevereiro,
JK deu anistia
E foi para o grupo inteiro,
Pois não era vingativo,
Com seu jeito hospitaleiro.

Enfrentou muitos problemas
De greves e agressões,
E as Ligas Camponesas
Ocupavam os sertões,
Movimentos de estudantes
Mais as manifestações.

Ano de cinquenta o oito
O Brasil foi campeão
Lá na Copa da Suécia,
Com imensa empolgação.
A taça Jules Rimet
Veio pra nossa nação.

Mas JK não desiste
Do capital estrangeiro,
Que foi muito importante
Para o país brasileiro,
Prá gente desenvolver
Era preciso dinheiro.

Primeiro a Volkswagen,
Com capital alemão.
Logo depois veio a Sinca,
Da França com precisão
A seguir veio a Wemag,
Um misturar de nação.

Logo a construção naval,
Usiminas o japonês.
A ajuda nos navios
Vem do país holandês.
Muito trabalho e progresso,
Foi isso que ele fez.

E foram chegando carros
Aero Willys, Romizeta
O Chevrolet e a Ford
Motocicleta, Lambreta.
A construção de Brasília
Já saía da prancheta.

Urbanista Lúcio Costa.
Arquiteto e companheiro.
Na arte da engenharia
Veio o Israel Pinheiro
Junto a Oscar Niemeyer,
Um trabalho pioneiro.

Niemeyer, o cabeça
Fez uma revolução
E nunca se viu no mundo
Nem na imaginação!
O que era fantasia
Virava uma construção.

Construíram o Catetinho
Bem no meio do Cerrado:
Gavião, cobra e onça,
E pequi pra todo lado.
Até hoje no local
Ele está edificado.

Gente de todo o Brasil
De gaúcho do fandango,
Nordestino do baião
E o mineiro do calango.
Quem nascia em Brasília
Era chamado candango.

Foram mais de cinco mil
Quilômetros asfaltados,
Doze eram só de terras,
Também lá realizados
E logo os trens a vapor
Por óleo foram trocados.

E a marca JK
No Brasil foi uma glória,
Que dos nossos presidentes
Foi o maior da história,
Humano e muito pacato
E de uma grande oratória.

Dia vinte de janeiro,
Antes de deixar o poder
As filhas de JK
Prepararam um lazer
E tudo foi combinado
Sem ele mesmo saber.

Um encontro de amigos
E sem ter formalidade:
Estava Osvaldo Penido,
Que já tava com saudade,
O Coronel Dilermando,
Um amigo de verdade.

E o Dilermando Reis,
Um mestre no violão,
Cezar Silva, Juca Chaves
Cantou modinha e canção,
Benê Nunes, o pianista,
Com sua harmonização.

João Luiz e Dona Júlia,
A Naná também estava.
Márcia e Maria Estela,
Dona Sarah, que pensava,
E também Júlio Soares,
Que a turma completava.

Era uma cantarola,
Várias canções da seresta.
JK, meio alheio,
Já franzia a sua testa,
Preocupado quase não
Participou dessa festa.

Era o ano sessenta e um,
Em trinta e um de janeiro
Deixava a presidência
Com o seu jeito bem mineiro.
Passava a Jânio Quadros
Nosso país brasileiro.

O vice era João Goulart,
Que tinha sido reeleito.
Candidato ao Senado,
JK já foi eleito.
Isso em quatro de junho,
Ficou muito satisfeito.

Viu o fim do Jânio Quadros,
Quando ele renunciou
Era no mês de agosto,
A surpresa lhe pegou.
Só sete meses no cargo
Que Jânio Quadros ficou.

Viu um Brasil conturbado,
Com o Jango presidente,
O boato de Comunismo
Fez a água ficar quente.
Só se via agitação
No meio de nossa gente.

E em trinta de março
Veio o Golpe Militar
Que depôs Jango na marra,
Tirou-o do seu lugar
No ano sessenta e quatro,
Foi um golpe de lascar!

Humberto Castelo Branco
Era o novo presidente.
Já criaram o AI-1
Para cassar muita gente:
JK foi dos primeiros
A entrar nessa corrente.

No ano sessenta e quatro,
Três de junho era o mês,
O Marechal Costa e Silva,
Ministro da guerra, fez
Uma semana depois
JK perder a vez.

Viajou pra Portugal
E França como exilado.
Outubro veio ao Brasil,
Não vivia sossegado.
Devido à perseguição,
Voltava todo arrasado.

Volta em sessenta e seis,
Três dias de agonia:
Assistir ao funeral,
Da irmã que bem queria.
Depois teve que ir embora,
De Naná se despedia.

No ano setenta e um,
Outro baque violento:
Dona Júlia, sua mãe,
Que era seu linimento,
Quase cem anos de idade
Veio-lhe o falecimento.

Na Academia de Letras
Tentou vaga de imortal
E, não tendo conseguido,
Para a cultura foi mal:
Ficou decepcionado,
Não foi uma coisa legal.

No ano setenta e quatro,
Eleito pra Academia
Mineira de Letras foi
Razão de grande alegria,
Pois o descaso da outra
Em Minas foi alforria.

No ano setenta e cinco,
Pelo livro de memórias,
Que foi dado pela UBE,
Contando suas histórias,
Da nossa *Terra Brasilis*,
Todas têm as suas glórias.

Foi em vinte e dois de agosto,
Triste fato aconteceu:
Resende, na via Dutra,
Setenta e seis que se deu
Um desastre com seu carro,
E Juscelino morreu.

O seu corpo foi velado
Lá no Rio de Janeiro.
Com setenta e quatro anos,
Encantava esse mineiro
Na história do país
Foi um grande brasileiro.

O corpo foi pra Brasília
Em meio a tanta tristeza.
Lá no Campo da Saudade
Teve uma bela surpresa:
E ao som do *Peixe vivo*
Foi o hino de grandeza.

Francisco de Assis Barbosa,
Jornalista historiador,
Juscelino Kubitschek,
Desse livro é o autor.
Eu consultei o seu livro
Aqui vai o meu louvor.

Uma parte da pesquisa
Foi no *Jovem JK*,
Um livro muito bem feito,
Roniwalter Jatobá,
Que também é um mineiro,
Valoriza o que tem lá.

Presidente do futuro,
Presidente do progresso,
O presidente-sorriso,
O bossa nova, sucesso,
Presidente do perdão,
De Deus e do universo.

Tem um fato que ninguém
Até hoje ainda falou
Foi de um disco vinil.
JK apresentou
E além de duas músicas
Que no LP cantou.

Era o grupo de seresta
Vindo de Diamantina,
Trazidos por JK,
BH foi a rotina,
No estúdio da Bemol
Cantaram até a matina.

Das canções que mais gostava
São três de maior grandeza:
Primeira *Elvira Escuta*,
Uma seresta de nobreza,
E *É a ti Flor do Céu*,
Peixe Vivo, com certeza

Meu louvor ao pé de valsa,
Meu tributo ao seresteiro,
Nosso gênio da política
E do povo companheiro,
O presidente da história,
Exemplo de brasileiro.

Presidente da seresta,
Do folclore e da dança,
Da MPB ao clássico,
Do velho e até da criança,
Um cultivador das artes,
Do Brasil da esperança.

Eu gosto de JK
Por ser um merecedor.
Mereceu ser presidente
E também um bom doutor.
O que fez pelo Brasil
Gente tem que dar valor.

O legado JK,
Mineiro de alma pura,
Com seu jeito tão simpático,
Esta grande criatura
Deixou para o mundo inteiro
Uma safra de cultura.

Pensava no amanhã,
No raiar de um novo dia,
Valorizava o hoje,
Porque o hoje existia,
E cultivava o ontem
Com muita sabedoria.

Ele tirou o país
Do mais profundo ostracismo,
Dos tempos dos coroneis,
Acabou o feudalismo,
Seu lema era o progresso,
Pra sair do carrancismo.

Ninguém na terra é perfeito,
Assim diz velho ditado.
Tudo na vida tem preço,
E o progresso é cobrado
Pois Jesus fez tanta coisa
E inda foi crucificado!

E por JK eu tenho
Profunda admiração,
Tinha um ego especial
Dentro do seu coração,
Pois não era vingativo,
Ainda dava o perdão.

Meu nome é Téo Azevedo,
Sou poeta menestrel.
E no mundo da poesia
Eu procuro ser fiel,
Sou filho de Alto Belo,
A raiz do meu cordel.

Téo Azevedo em frente à estátua de Juscelino Kubitschek. Diamantina (MG).

RUY MUNIZ, UMA HISTÓRIA DE SUCESSO

Neste cordel, Téo vislumbra na figura de Ruy Muniz um grande político que está traçando sua história com sua marca de bom educador e empresário, já está na história do estado e breve, com certeza, estará em todo o Brasil, porque, apesar de jovem, sua inteligência e maturidade estão além do normal. Além da sua jovialidade cativante ele é a esperança de um futuro político brilhante... Antes de ser prefeito, na sua primeira candidatura, o poeta já previa a sua vitória.

Com os meus versos matutos
Fiz muita gente feliz.
Mas, hoje o meu cordel
É para o Ruy Muniz
Que merece o meu cantar.
Por ser muito inteligente.
Um mestre em educação.
E professor competente.

Vou narrar sua vida
Sem fazer politicagem
Este ser tão educado
Cheio de camaradagem
Que nasceu no dia dois
Foi em maio de sessenta
Cidade de Montes Claros.
A sua família aumenta.

Seu pai, Sebastião Muniz,
Vulgo o Tião Medonho
Trabalhou de taxista
Freio de mão, bar do sonho.
Emprestava um dinheirinho
Era um bom serralheiro.
Tião se virava em tudo
E até de lanterneiro.

Meu viva, Dona Janu.
Que é a mãe de Ruy Muniz
Na arte da culinária
Só ela merece bis.
Januária Lima Borges,
Formada em magistério,
Educadora primária,
Levou seu trabalho a sério.

Vou saudar os seus irmãos,
Com Carlos vou começar.
Que é médico e cirurgião
Na plástica espetacular...
Também é artista plástico,
É farta a sua cachola,
Conhecido por Zanata,
Foi um craque de bola.

E depois vem o Ricardo,
Dentista e professor,
Além de ter o mestrado,
Ensina com muito amor.
Seguindo Sebastião,
Apelido Tiãozinho,
Dentista e professor,
Da Funorte, com carinho.

Ariadna Muniz,
Grande médica da visão,
Do hospital Hilton Rocha
Trabalha na direção,
Sendo a "Dama dos Olhos"
Seu trabalho vale mil.
Em matéria de visão
É uma fera do Brasil.

Viva o Moisés Muniz,
Um engenheiro civil,
De escolas a hospitais
Já construiu mais de mil.
Aprecia Moto Cross,
É piloto saltador.
Quando joga futebol,
Nesta arte é um doutor...

Falei dos pais e dos irmãos,
Naveguei por vários trilhos.
Agora vou me embrenhar,
Citando todos os filhos:
Cada um tem seu valor.
E sabe se comportar,
Um presente do bom Deus,
Um tesouro familiar.

Thiago é publicitário
E na USP é formado.
E lá na rede Promove,
Um diretor respeitado.
E o David vai ser médico,
Formado com maestria,
Na UFMG,
Na área oncologia.

Esse ano o Gabriel
Vai formar em Relações
Que são Internacionais.
Sentirá muitas emoções.
Estágios internacionais.
Tá fazendo com fervor
Vai cursar no Rio Branco
Vai ser embaixador.

Matheus, o filho caçula
Quer formar-se engenheiro.
Um piloto da Aeronáutica,
Guardar o chão brasileiro.
Já está na Academia,
Cursando o primeiro ano.
O ITA é sua meta
Está dentro dos seus planos.

Ele tem boa memória
E muita capacidade.
Compreendia e decorava
Com muita facilidade.
Depois da oitava série
Melhorou sua competência
Passou a estudar mais,
Aflorou sua inteligência.

Já o seu irmão Carlinhos
Foi fazer vestibular
De médico na Unimontes
Não conseguia passar.
Tio José Gabriel
Fez o mesmo e passou
E os dois filhos de Janu
A família caçoou.

Dizendo que eram burros,
Sem base para estudar.
Foi exemplo para Ruy,
Que resolveu triplicar,
Aprofundou seus estudos.
Dia e noite, noite e dia
Na beleza do saber,
No clarão de um novo dia.

Já com seus dezoito anos,
Ruy virou bom professor.
No colégio Biotécnico,
Ensinava com fervor
Disciplinas variadas
Com muita categoria.
Ruy lecionava todas,
Mostrando sua galhardia.

Oitenta e sete concursos
Que Ruy fez na sua vida,
Como aluno e professor.
Ele se deu bem na lida.
Passou em oitenta e cinco,
Com seu jeito tão sutil,
Pra fazer vestibular
É o campeão do Brasil...

No primeiro científico,
Aprovado em Medicina.
Tem o dom da inteligência,
É seu mundo, sua sina.
No ano de oitenta e um,
Vinte e um anos de idade,
Fundou sua própria escola
Com luta e qualidade.

INDYU pré-vestibular,
Ruy foi o seu fundador.
E naquela mesma data
Também foi o diretor.
Nem as cadeiras ele tinha
Foi o SESC que emprestou
Desse jeito que o Ruy
De empresário começou.

O curso foi evoluindo,
Não parou mais de crescer.
No ano de oitenta e quatro
Isso veio acontecer.
No ano de oitenta e seis
O ensino fundamental.
No ano de oitenta e oito
Curso técnico sem igual.

Ano de oitenta e nove,
Projetos de faculdades,
Com cursos superiores,
Modernos de qualidade.
O que fez o Ruy Muniz
Na história é importante,
Das faculdades privadas
Ele é o bandeirante.

A tantas terras distantes
Ruy levou a educação:
Januária e Janaúba
Espalhou pelo sertão.
Também Teófilo Otoni,
Curvelo e Unaí,
Foi até Sete Lagoas,
Montes Claros do pequi.

Cidade Paracatu,
Também em Belo Horizonte,
No Distrito Federal
Brasília é água na fonte.
É Presidente de honra
E o líder principal
Dentro de Minas Gerais
A SOEBRAS é sem igual.

Pois são trinta mil alunos.
Que essa rede toda tem
Em trinta e seis lugares.
E não perdem pra ninguém.
São clínicas e hospitais,
Quinze mil atendimentos,
Tratando do nosso povo
E dando esclarecimentos.

De uns quatro mil empregos
Ruy é grande gerador,
Vinte mil são indiretos,
Ele é o grande gestor.
Cento e oitenta milhões
De reais é a previsão
No ano de dois mil e oito,
Sob a sua direção.

Ruy Muniz acredita
Que é pela educação
O Brasil vai desenvolver,
Ser um país campeão.
Quem estiver do seu lado,
Vai ser vencedor com bis,
Irmanados num só povo,
Vamos ser grande país.

Quem zombou hoje admira
Esse homem lutador.
Reviveu tantas empresas,
Do Norte é um salvador.
Cultura e educação
Tem plantado e colhido,
De onde vem a vitória
Do homem bem-sucedido...

Na vida de Ruy Adriano
Que é Borges e Muniz,
Nem tudo foi uma glória
Teve momento infeliz.
Existiram muitas lágrimas
Nas curvas do seu caminho,
No jardim de sua vida
Também pisou em espinho.

O episódio do golpe
Contra o Banco do Brasil
Machucou sua família
De maneira tão viril.
Quem não erra nessa vida,
Não existe um ser perfeito,
Mas quem cai e se levanta
Merece todo o respeito.

Ruy é fã de JK,
Nosso maior presidente,
O homem do *Peixe vivo*,
Deixou a marca pra gente.
Montes Claros vai sorrir
E sentir-se mais feliz
No clarão do amanhecer.
Essa luz é Ruy Muniz.

Eleição dois mil e quatro,
Candidato a vereador.
Mais votado da história
Ruy mostrou o seu valor.
Eleição dois mil e seis,
Outra vitória legal.
Ruy Muniz foi eleito
Deputado estadual.

Os sonhos vão mais além
Desse homem competente.
Quer ser o governador.
E depois o presidente.
Ruy tem todos os predicados,
Seu caminho é glorioso.
Com paz, Deus e com amor.
Ruy será vitorioso.

Tocar a vida pra frente
É dever e obrigação
Da lida é feita a soma
Da paz, junto ao perdão.
Atire a primeira pedra
Aquele que nunca errou,
Os injustos foram tantos
E Jesus os perdoou.

Ruy Muniz na Prefeitura
Muita coisa vai mudar,
Cultura e Educação.
Ele vai priorizar.
Saúde e saneamento.
Asfalto e muito esporte.
Apoio à zona rural,
Dar ao campo mais suporte.

Emprego e também lazer
Ao nosso trabalhador,
Ajudar ao comerciante,
Que é o homem empregador.
Dar o apoio aos artistas
De mostrar a sua arte.
A cultura popular,
Do Norte, um estandarte.

Precisava de um parceiro
Pra mudar esta cidade.
Por isso escolheu o vice
De muita capacidade.
Pra cuidar de Montes Claros
E dos problemas que ela enfrenta.
Vai ter como escudeiro
O Dr. Tião Pimenta...

Médico dos pobres e humildes,
Vereador, quarta gestão
Frente à Ação Social
Até hoje é o campeão.
Parceria mais perfeita.
É Ruy e Dr. Sebastião.
Tão perfeita que a rima
Dá saúde e educação.

Mestre de Reis Honorário
Do terno de Alto Belo.
Ruy sempre ajudou muito
Com a gente em paralelo.
Improvisei esse folheto
Com carinho e amor,
De agradecimento ao Ruy,
Nosso bravo professor.

Ruy merece todo espaço
Por tudo que ele já fez,
Já provou pra todo mundo.
Será a bola da vez.
Quarenta anos em quatro.
De trabalho e competência,
Show de administração,
De garra e inteligência.

Vivas para Ruy Muniz,
O candidato do povo,
Que anda mais apertado
Do que o pinto no ovo.
Eu apoio o Ruy Muniz.
Digo e não tenho medo.
Escrevi esse cordel.
Cantador Téo Azevedo.

Na eleição de 2012 a previsão de Téo foi cumprida e Ruy Muniz foi eleito prefeito de Montes Claros, junto ao Sr. José Vicente. Homem que dedicou sua vida à cultura popular, Ruy é a esperança para grandes movimentos culturais da nossa cidade.

AS PROFECIAS DE TÉO AZEVEDO

Corria o ano de 2008, quando Téo Azevedo escreveu um cordel contando a vida de Ruy Muniz, reproduzido na época em que este estava em campanha para prefeito de Montes Claros, sua primeira arrancada para este cargo. Téo, ao conhecer mais de perto o cidadão Dr. Ruy Muniz, ficou muito impressionado com a sua personalidade marcante e simples. Téo participava de uma grande reunião. Aproveitando essa oportunidade, ele pegou todos os dados da vida do candidato.

Ruy disse-lhe francamente:

— Quero que você fale tudo que aconteceu na minha vida, os altos e baixos, os acertos e os erros, a glória e as pancadas que levei. Errei como qualquer ser humano pode errar na vida, reconheço os meus erros e paguei por eles. Dei a volta por cima, hoje sou um bom pai de família, bom empresário, empreendedor, que deseja o bem-estar de todos, em saúde e educação e o progresso de todo ser humano que quer ser alguém na vida...

Téo ficou comovido com a sinceridade de Ruy Muniz. No seu jeito espontâneo de falar. Com o decorrer do tempo, o trabalho foi se tornando uma união de amigos, a campanha desenvolvendo, Téo acreditou piamente nas propostas de Ruy, apesar de saber que a primeira investida seria muito difícil. Mesmo assim, escreveu um belo cordel, pois sabe que é uma forma mais honesta e agradável de propaganda. Todos que lerem o cordel, que aqui está transcrito, vão verificar que a profecia, de Téo se cumpriu, pelo menos a primeira delas, que era de Dr. Ruy se tornar prefeito. E assim, em versos Téo reafirma a sua predição:

Eu fiz uma profecia
Que Ruy seria prefeito
E juntando com o Zé
É que ele foi eleito.
Foi feita uma dobradinha
Com o amigo Zé Vicente.
O doutor e o catrumano
A dupla, gente da gente.

Eu que nunca fui um bruxo
Nem uso de alquimia,
Mas nos versos de cordel
Tá saindo a profecia.
Ruy é um homem moderno,
Tem todo o meu louvor.
Vem aí mais uma etapa
Ruy Muniz governador...

Durante a campanha de Ruy Muniz, houve muitos encontros e reuniões. Em uma destas, após ter feito o cordel (neste mesmo ano), na casa dele, durante um grande almoço de confraternização, Téo Azevedo resolveu fazer uma homenagem à Dra. Raquel Muniz, esposa de Ruy. Pela sua profissão ele escolheu o poema de sua autoria intitulado *Quanto É Grande o Poder da Natureza*.

Falarei como forma o ser humano,
Que precisa dos genes pra formar.
O óvulo irá se transformar
E as células a parede dará plano,
São catorze dias do ano
O folículo de Graff, que beleza,

Depois arrebenta, que grandeza.
Quando o óvulo é libertado.
Tudo logo estará bem formado,
Tudo isso é o poder da Natureza.

O óvulo pronto para fecundação
Com a membrana gelatinosa.
Patoplasma, provisão garbosa.
Vitelas, alimentos e nutrição,
Ao útero irá com perfeição.
No encontro de belíssima grandeza,
O espermato, com sua fortaleza,
Está formando o ser humano,
O poeta nunca perde o plano:
Tudo isso é o poder da Natureza.

O embrião vira feto é na razão.
E se nutre de tal velocidade.
A membrana filtrando de verdade,
A placenta estoca alimentação.
E começa bater um coração
Com a arte da vida, que beleza!
Nove meses chega para grandeza.
É mais um ser humano completando.
Nasce fazendo careta e chorando.
Tudo isso é o poder da Natureza.

Téo Azevedo explica que este poema foi escrito no início dos anos 1980, a pedido do general Humberto Pelegrino, para ser declamado no auditório da Casa de Cultura São Saruê, que fica na Rua Leopoldo Fróes, 83, Santa Teresa, Rio de Janeiro.

Téo fez essa poesia em martelo, baseada num pequeno trecho de um almanaque que era distribuído anualmente, do xarope Biotônico Fontoura, que também trazia a história de Jeca Tatu, personagem criado pelo escritor Monteiro Lobato, citado no seu livro *Urupês*, em que se inspiraria o grande humorista Amácio Mazzaropi, homenageado por Téo em um cordel reproduzido neste livro.

Ao declamar este poema para a Dra. Raquel Muniz, foi ovacionado por ela e a partir daí é solicitado a recitá-lo nos saraus artísticos.

Prefeito Ruy Muniz e sua esposa Tânia Raquel de Queiroz Muniz. Montes Claros, (MG).
Foto do acervo de Silvana Mameluque.

100 ANOS DE MAZZAROPI (O Jeca Caipira)

Amácio Mazzaropi (1912-1981) é um dos grandes representantes do que se convencionou chamar de cultura caipira, principalmente por seu empreendedorismo no cinema, onde interpretou o sertanejo ingênuo e bondoso, inspirado no personagem Jeca Tatu, do romance *Urupês*, obra do imortal Monteiro Lobato. No cordel que se segue, o catrumano Téo Azevedo homenageia o caipira Mazzaropi, uma de suas grandes referências, pela passagem do centenário do nascimento do artista, comemorado em 2012.

Mil novecentos e doze,
No dia nove de abril.
Nasce Amácio Mazzaropi.
O caipira do Brasil.
Fez o nome na história,
Com sua simplicidade
E eternamente ele
Vai ser a nossa saudade.

E Bernardo Mazzaropi
Era o nome de seu pai,
Um italiano nato,
A minha ficha não cai.
Sua mãe, Clara Ferreira,
Foi filha de português.
A história na raiz
Desse casal tão cortês.

No ano de vinte e dois,
No meu verso tão agrário,
Mazzaropi concluiu
Todo seu curso primário.
E foi no Grupo Escolar,
O São José de Belém,
Na cidade de São Paulo,
Esse lhe fez muito bem.

Não gostava dos estudos,
Mas um circo ele adorava,
Pois viver num picadeiro
Era com o que mais sonhava.
Os pais não queriam isso,
Queriam que estudasse,
Nem na entrada de circo
Nunca mais ele passasse.

Mandaram pra Curitiba
Pra ver se ele esquecia,
Junto com o tio Domingos,
Mas ele não conseguia.
No ano de vinte e seis,
Para São Paulo voltou
E, tentando entrar em circo,
Mazzaropi batalhou.

Até conhecer Ferrary,
Era um famoso faquir,
Que lhe arranjou uma boca
Para o povo divertir.
Um contador de piadas
Picantes, maliciosas,
Que eram muito sucesso,
De causos e muitas prosas.

Ferrary o emancipou
Dos catorze aos dezenove
Para poder viajar
De vez ele se envolve.
Rodou nosso Brasil todo,
Conhecendo nossa gente,
Costumes e tradições,
Trabalho mais competente.

Foi através do roceiro
Que Mazzaropi se inspira
E sua fonte da sede
É Cultura Caipira.
No ano de trinta e um,
Com vinte anos de idade,
O pavilhão Mazzaropi,
Uma grande novidade..

Com ajuda dos seus pais
Cria esse pavilhão
Uma trupe variada:
Vinte artistas em ação.
Com declamações e cantos,
Também peças teatrais
E muita música caipira,
Com anedotas demais.

Os pais viraram artistas,
Não pararam por aí,
Instalaram o pavilhão
Cidade Jundiaí
No ano de trinta e dois,
Com amor e alegria
Artística, autografada
Primeira fotografia.

Ano de quarenta e dois
A convite do empresário
Que era Miguel Gioso
Seguiu seu itinerário
E no Teatro Santana
Ele se apresentou,
Com muita pompa e com luxo.
Mazzaropi não gostou.

O povão, acostumado
Com o seu jeito caipira,
O teatro foi um furo,
Uma alça sem a mira.
O Mazzaropi acordou:
"Tiro meu chapéu e louvo.
De hoje em diante eu vou
Trabalhar só para o povo".

Ano de quarenta e cinco,
Lá em Pindamonhangaba,
Mazzaropi ficou triste,
Do chapéu caiu a aba,
Pois falecia o seu pai,
Que foi seu braço direito.
Foi um golpe muito duro
Que machucou seu peito.

Com a doença do pai,
A gastança foi demais
O circo ficou parado,
Doíam muito seus ais,
Mas o doutor Estambulo,
Um grande médico e amigo,
Ajudou o Mazzaropi
E a ele deu abrigo.

Ele foi para São Paulo,
Depois Rio de Janeiro,
No Teatro João Caetano,
Que foi o seu paradeiro.
Substituía o ator,
E que era o Oscarito,
Mas um golpe de azar
No destino estava escrito.

Bem no dia da estreia
Oscarito renovou.
Mazzaropi, muito triste,
Sem a estreia ficou.
Já voltou para São Paulo,
Tristonho e acabrunhado,
Dizendo para os amigos:
"Eu me senti humilhado"

E foi o Fernando Costa,
De São Paulo interventor,
E ao Amácio Mazzaropi
Ele fez muito favor.
E ao Teatro Mambembe,
Ajudou o Pavilhão,
Pois nos bairros de São Paulo
Tinha apresentação.

"O Marido Número Cinco"
Foi um sucesso total.
Mazzaropi se deu bem,
A vida ficou legal.
O Derneval Costa Lima
Dirige a Rádio Tupi
E contrata o nosso Jeca
Pra se apresentar ali.

Sete anos com um elenco,
De humoristas de primeira.
"A Brigada da Alegria",
Uma turma verdadeira.
Ano de quarenta e sete,
"Morena do Sumaré"
Junta com o Mazzaropi,
Fez dupla de muita fé.

Lá na Rádio Guarani
E também Rádio Mineira,
O povão o aplaudiu
Numa festa de primeira.
Com Assis Chateubriand,
É necessário que eu conte,
Balançou o Brasil todo,
Sacudiu Belo Horizonte.

Em cinquenta estreou
Na nossa televisão
O programa "Rancho Alegre",
Que foi grande sensação.
No ano cinquenta e um,
Na TV Tupi do Rio,
Também um grande sucesso
Venceu mais um desafio.

Abílio Pereira Almeida,
Teatrólogo e certeiro,
Juntamente com Tom Payne
Fizeram teste ligeiro.
Depois de passar no teste,
Num trabalho competente,
Fez a primeira película,
Foi o filme "Sai da Frente".

Companhia Vera Cruz
Que quinze contos ganhou,
Mais sessenta de gorjeta
A fatia completou.
Abílo quem dirigiu
Esse filme "Sai da Frente".
Mazzaropi numa boa
Estava todo contente.

Ano de cinquenta e três,
Com trabalho e com carinho,
Veio "Nadando em Dinheiro",
Junto com o filme "Candinho".
Deixou a Rádio Tupi
Com o sucesso total
E logo se transferiu
Para Rádio Nacional.

No ano cinquenta e quatro,
A jogada genial:
Filme "Gato de Madame"
Estava no festival.
Ano de cinquenta e cinco,
Sem sair da sua linha,
Mais um estouro na praça:
O seu filme "A Carrocinha".

Ano de cinquenta e seis,
Um convite especial,
Que foi da Cinedistriti,
De Galante, tão leal.
O Osvaldo Massaini
Revirou seu universo
Para fazer mais três filmes,
Que foram grande sucesso.

E o primeiro a sair,
"Fuzileiro do Amor"
E "O Noivo da Girafa",
Um segundo de esplendor.
E o seu terceiro filme,
Também grande sensação,
Que foi "O Chico Fumaça",
Traz muita recordação.

Ano de cinquenta e sete,
Mudando todo o esquema,
Ampliou o conhecimento
No seu mundo de cinema...
E, com mais experiência,
Já montou a sua empresa.
O Brasil o aplaudiu,
Caipira de nobreza.

A Amácio Mazzaropi
A Pan Filmes Produções
Entrou na praça com tudo
E agradando a milhões.
Com trabalho e muita garra
Iluminado de luz
Já alugou os estúdios
Da antiga Vera Cruz

Nesse filme Mazzaropi,
Sendo ator e produtor,
E além da direção,
Foi o distribuidor.
Quando terminou o filme,
Não tinha nem um tostão,
Porém não entrou em pânico
Com essa situação.

E pelo Sul do Brasil,
O jeito foi se virar,
Foi fazendo show em circos
Pra dinheiro arrecadar.
Cópias e laboratórios,
Lhe custaram um dinheirão,
Até arranjar mais verba
Pra dar continuação.

Esse filme tão difícil
E feito com tanta raça
Foi um sucesso total
Chamava "Chofer de Praça".
E Mazzaropi engrenou,
Acabou toda catimba,
Mais uma vez acertou
Saindo dessa pitimba.

No ano cinquenta e oito,
A segunda produção:
O filme "Jeca Tatu"
Foi o grande campeão.
Feito em Pindamonhangaba,
Seu nome consolidado,
O cenário era a fazenda
Do amigo doutor Prado.

Foi o José Bonifácio,
O "Boni", de Oliveira,
Que convidou Mazzaropi
De uma forma cavalheira...
Também da TV Excelsior
Boni era diretor
E queria o nosso Jeca
Num programa de humor

Isso em cinquenta e nove,
Mazzaropi, grande estouro,
Parecia o rei Midas,
Com ele tudo era ouro.
Foi até sessenta e dois,
Mas no ano de sessenta,
Mais dois filmes foram feitos,
E o caipira arrebenta.

"As Aventuras de Pedro
Malazartes" foi escrito
E outro espetacular
Foi o "Zé do Periquito".
No Cine Art Palácio,
Na Avenida São João,
Eram feitos lançamentos,
Uma grande sensação.

Ano de sessenta e um
Tinha a sua companhia,
Toda bem estruturada,
Legal e de garantia.
Lá na Fazenda da Santa,
Na cidade Taubaté,
Vale do Rio Paraíba,
Aparecida com fé.

E oitenta e quatro alqueires
Pra fazer as produções,
Com paisagens muito lindas,
Belezas das regiões.
Mais dois filmes foram feitos:
Falo em "Tristeza do Jeca"
E "O Vendedor de Linguiça",
Que foi firme na peteca.

E em "East-Mancolor"
Trucagens mandou fazer
Lá na Cidade do México
Foi seu sonho de viver.
Foi o seu primeiro filme
Colorido no país,
O nosso povo adorou
E ele ficou feliz.

Ano de sessenta e dois,
Que comprou a Vera Cruz,
Foi pra ele uma bênção
Junto ao clarão de luz.
A sua primeira charge
Vera Cruz foi o local
E o seu primeiro filme
De sucesso nacional.

Ano de sessenta e três,
Programa Bibi Ferreira,
"O Brasil Sessenta e Três"
Participou de primeira.
Era na TV Excelsior,
Sucesso era sua sina,
E foi mais um grande filme
"A Casinha Pequenina".

Com tema da escravidão
O filme foi uma boa,
Como sempre o lançamento
Em São Paulo da garoa.
E foi em Buenos Aires
Trucagem e revelação
Uma boa qualidade
E uma ótima produção.

A primeira produção
Lá na Fazenda da Santa
Foi o filme "O Lamparina",
Todo Brasil se encanta.
Abordava todo tema
Com seu jeito irreverente,
Mostrando ao mundo todo
Que ele era diferente.

O Agostinho Pereira,
Um cineasta e amigo,
Ajudou ao caipira
E a ele deu abrigo.
Importou de Hollywood
Aparelhos avançados,
Eram os cinematógrafos,
Som direto e acoplados.

No ano sessenta e quatro,
A colônia japonesa
Prestou-lhe uma homenagem,
Que foi uma realeza.
O "Meu Japão Brasileiro",
Um filme espetacular,
O Carlitos do Brasil
Nós temos que exaltar.

Ano de sessenta e cinco,
Uma bela produção
Com o filme "O Puritano
Da Rua Augusta" em ação.
As singelas desventuras
Do caipira na cidade,
Temas que desenvolvia
Com a naturalidade.

Ano de sessenta e seis
Mais um filme no seu plano,
Como filho da fiel,
Já fez "O Corinthiano".
A Eliza trabalhou,
Foi a primeira e sutil
Homenagem ao Corinthians,
Maior time do Brasil.

No ano sessenta e sete
Com a tecnologia
Aqui dentro do Brasil
Sempre foi o que queria,
Pois fez "O Jeca e a Freira",
Com carinho e com amor.
Tudo feito no país,
Sem mandar pro exterior.

Ano de sessenta e oito,
Já tendo fama de sobra
Faz "O Paraíso das
Solteironas", bela obra.
O Jeca, de vento em popa,
Com o seu jeitão caipira,
Ídolo do nosso Brasil
Que a tanta gente inspira.

Lançado em sessenta e nove,
Foi um recorde de renda.
O Estúdio dando certo,
Taubaté "Santa Fazenda".
É o mais bem-sucedido
Diretor e produtor.
Ele quem distribuía
E o principal ator.

E no ano de setenta,
O seu jubileu de prata.
Foram vinte e cinco anos
De filmagem que retrata.
Com o filme "Uma Pistola
Para o Djeca", genial,
O mais caro que ele fez,
Mas no fim foi tão legal.

Também nesse mesmo ano
Começou um sonho seu:
Fazer filme só em circo,
Destino que Deus lhe deu.
Gostava tanto de circo,
Que até fez uma gracinha:
Deu um circo de presente
Ao palhaço Vitrolinha.

O Bartolo e o Escala
E o Teatro Romano,
Leco Leco e Fiolim,
Woodstock nesse plano.
Viva o Circo Nerindo
E o Hispano-brasileiro,
O Circo do Espoleta,
Cheiroso, um companheiro.

E o "Gran-Circo Windsor",
O "Xuxu" e o Garcia,
O Circo Continental,
Asa Branca só alegria.
E o "Betão Ronca Ferro"
Lembrava seu Pavilhão
E todo filmado em circo,
Outro filme campeão.

Ano de setenta e um
Com o Médici se encontrou.
Impostos de equipamentos
Mazzaropi reclamou.
E nesse ano o artista
Foi mostrando o seu progresso.
Lançou "O Grande Xerife",
Mais um filme de sucesso.

Ano de setenta e dois,
Seguindo a sua rotina,
Foi filmar "Um Caipira
Em Bariloche", Argentina,
Um filme espetacular,
Sucesso fenomenal,
E em tecnologia
Nunca fez nada igual.

Ano de setenta e três,
"Portugal, Minha Saudade",
E filmado em Portugal
Com tremenda qualidade.
E foi no "Eugênio C",
Um transatlântico afamado,
São Paulo, também o Rio,
Esse trabalho rodado.

No ano setenta e quatro,
É que foi o lançamento:
"Portugal, Minha Saudade",
Eu faço esclarecimento.
Também nesse mesmo ano,
Continuando o roteiro
O Mazzaropi lançou
Filme "Jeca Macumbeiro".

E esse filme lhe deu
Com amor e alegria
O prêmio de "Campeão"
Que é de "Bilheteria".
A matéria publicada
O Jeca matou a tapa,
Revista da Embrafilme
Acabou virando capa.

Ano de setenta e cinco
Lança "O Jeca Macumbeiro"
E com o seu jeito meigo,
Tema afro de terreiro.
E com a Fazenda da Santa
Mazzaropi se refez,
Vieram novas ideias
E novo estúdio ele fez.

Na Estrada dos Remédios
Uma área ele comprou.
Foi de duzentos mil metros,
Novo estúdio começou.
Um hotel de quatro estrelas,
Trinta e oito apartamentos,
Boate, piscina e campo
E muitos melhoramentos.

Sua intenção era boa:
Dar conforto pros artistas,
Com mais um filme na praça
Desse Jeca humanista.
O "Jeca Contra o Capeta",
Sendo mais um tento seu,
É o cinema caipira
O mundo que Deus lhe deu.

No ano setenta e seis
Fez ele o filme "Jecão,
Um Fofoqueiro no Céu",
Uma grande aceitação.
Lançado em setenta e sete,
Balançou o esqueleto
E fazendo mais um filme
"Jeca e o seu Filho Preto".

Lançado em setenta e oito,
O seu sonho tava feito,
Pois esse filme mostrava
No Brasil o preconceito.
No ano setenta e nove,
Mais um filme diferente:
"A Banda das Velhas Virgens",
Mazzaropi botou quente.

É lançado em Porto Alegre,
Bem no ano de oitenta.
O sucesso foi geral,
Onde na praça arrebenta.
Aí nesse mesmo ano,
O último filme rodado
De Amácio Mazzaropi,
Esse nosso herói honrado.

Também sendo o filme "O Jeca
E a Égua Milagrosa",
Era o fim de uma carreira
Honesta e vitoriosa.
E com o Orlando Orfei
Tinha planos de seguir
Com o circo e os artistas,
Mas teve que desistir.

Um filme inacabado
O Mazzaropi deixou.
Ficando pela metade,
Pois ele não completou:
O "Maria Tomba-Homem",
Filme espetacular,
E, quem sabe algum dia,
Alguém irá completar.

Em dezenove de maio
Do ano de oitenta e um,
A coisa ficou tão feia,
Foi uma bala dum-dum.
Ele foi lá no Albert Einstein,
Onde ficou internado:
Câncer na medula óssea,
Seu quadro tinha agravado.

No dia treze de junho,
Triste fato aconteceu:
Com sessenta e nove anos
O Mazzaropi morreu.
Esse grande cineasta,
Humilde e muito gentil,
Para todos o "maior
Caipira do Brasil".

Foi encontrar lá no céu
Com tanto parceiro amado,
O nosso Cornélio Pires,
E o Capitão Furtado,
Jararaca e o Ratinho,
Nhô Morais e Barnabé,
A querida Nhá Barbina,
Um time de muita fé.

Mazzaropi virou nome
De rua, escolas e praças,
Viadutos e estádios,
Campeonatos e taças.
E até samba-enredo
Fez nosso povo feliz:
Maior mestre caipira
Que teve o nosso país.

O Mazza tinha dois carros
Que adorava demais:
Eram dois Galaxy Quinhentos,
Gente não esquece mais.
Era um preto e outro branco,
As paixões em sua vida,
Eram do ano setenta
E parte da sua lida.

O Amácio Mazzaropi
Foi da arte um lutador,
Os seus temas inocentes,
Muita paz e muito amor.
Falarei de alguns amigos
Que tomam parte na glória,
Orgulhoso de fazer
Também parte dessa história.

Saúdo o Herval Rossano,
Também o Pio Zamuner,
O Demerval Costa Lima,
Uma turma sem mister.
E o Abílio Pereira
De Almeida deu a mão,
Celsinho, o secretário,
Franco Zampari, um irmão.

Também Virgílio Roveda,
José Adalto Cardoso,
O Luiz Gonzaga Santos,
Tem um trabalho garboso;
Marta Salomão Jardini
E o Rubens Eleotério,
Também o Luiz Antônio,
Paulo Kico com critério.

Salve o Enoque Batista,
Saúdo o Carlos Garcia,
Walter Vany, montador,
Mauro Alicce, alegria.
O André Luiz Toledo,
E também Jair Duarte,
Máximo Borro é amigo,
Faz um trabalho de arte.

O Inácio de Araújo,
Roberto Leme, com a gente.
Antônio Ravagniolli,
Maria Roccio, competente.
Um viva a Selma Egrei,
Patrícia Mayo, atriz,
Também a Gilda Valença,
Rose Garcia, peço bis.

Tone Cardi, bom ator,
Salvador do Amaral.
Falo do Edgar Franco,
O João Paulo tão legal.
Também o Rogério Câmara
Junto a Paulo Pinheiro,
O João Paulo Ramalho
É amigo e companheiro.

Salve o Paulo Bonelli
E o Armando Pascoalim.
Para Helizabeth Hartman
O meu verso não tem fim.
Paulo Lago, Mário Lúcio,
Iragildo Mariano
E o Galileu Garcia,
Amigo do mesmo plano.

Viva o Antônio Savane
E o Rosalvo Caçador,
Também o Henrique Borges,
Roberto Merke, o ator.
Salve o Celso Soares,
E na música o Magrão,
O amigo Cebolinha
Mora no meu coração.

O Osvaldo Massaini,
Cícero Prado também
E o José Bonifácio
De Oliveira é do bem.
Falo mais de diretores,
E também Bibi Ferreira,
Vitrolinha, Orlando Orfei,
E Agostinho Pereira.

Vou citar alguns cantores
Que nos filmes atuaram.
Faziam parte do esquema
E ao povo agradaram.
O meu viva a Paulo Sérgio,
Hebe Camargo também,
O Agnaldo Rayol,
Vozeirão que canta bem.

O Hector Lagnar Fiesta,
Maestro e arranjador.
O Agostinho dos Santos
Era um ótimo cantor.
O meu salve a Mário Zan
E ao Elpídio dos Santos,
Viva o Gentil Rodrigues,
Sanfoneiros de encantos.

E eu digo alguns atores:
Júlia Lemos na jornada,
Lembro de David Cardoso,
Bom ator e camarada.
E o Everton de Castro,
Também o Carlos Garcia,
Viva o Enoque Batista,
Fausto Rocha com alegria.

O viva ao Castor Guerra
E o Felipe Levi,
A querida Geni Prado,
Quanta saudade de ti.
E o Jair Talarico,
O nosso Toni Vieira,
Junto ao Edgar Franco
E nosso Tarcísio Meira.

Salve a Jofre Soares
E também Gilda Valença,
Querida Rose di Palma,
Tony Carlos peço a "bença".
Também Wilson Sampsom,
O Átila Iório, um amigo,
Iragildo Mariano,
Pois tem todo o meu abrigo.

A Maria José Franco
É amiga e grande atriz,
Trabalhou com Mazzaropi,
Deixando ele tão feliz.
Com o "Jornal Sertanejo",
Fazendo divulgação,
Valorizando o caipira
E a sua região.

Salve a turma da técnica,
O Galante produtor,
Miro Reis, eletricista,
Walter Vanni, Editor.
Salvador do Amaral
Foi um técnico campeão,
Celso Soares, amigo,
Jair Garcia, edição.

O Ronaldo Ciabronni,
Adelaide e o Moreira,
Pimentel, Chico Fumaça,
Chapecó é de primeira.
Delmário e o mais Xarope,
O Bentinho do Sertão
E o André Mazzaropi,
Philaderpho é atração.

Salve o Celso Soares,
Jair Garcia Duarte
E o Padre Miro Reis,
Walter Waner é da arte...
E Rolando um grande técnico,
Paulinho maquiador,
José Lopes é o índio,
Que também é grande ator.

O Juca de Oliveira,
Grande amigo do ator,
E também o José Ferri
Que foi colaborador.
A Nina na maquiagem
E o Rajá de Aragão
E Glauco Mirko Laurério,
Ari Fernandes, irmão.

E salve o José Veloni,
Vando Marquete também,
E o Roberto Pirilo,
Câmara, gente do bem.
Viva o Cláudio Garcia,
Glória Jenini é atriz
E Arlete Montenegro,
Antônio Bonelli feliz.

Os seus filhos adotivos:
Eu falo em André Luiz,
João Batista de Souza,
Uma pessoa feliz.
Salve essa dinastia:
Péricles Moreira, irmão.
100 anos de Mazzaropi
Me deu muita inspiração.

Na Vitorino Camilo
Que Mazzaropi nasceu,
O número sessenta e um,
Barra Funda, o bairro seu.
Endereço da Pan Filmes
No Centro sem ter Lundu,
Número cento e trinta e dois,
No Largo do Paissandu.

E salve o Jeca Tatu
E meu viva ao caipira!
No Amácio Mazzaropi
O nosso Brasil se inspira.
A sua simplicidade
Do homem do interior,
Capiau e catrumano,
Matuto, cheio de amor.

Trinta e três filmes que fez
Valeram por mais de mil
E com enredos tão ternos
Do caipira do Brasil.
Lá na Fazenda da Santa,
No Estúdio Vera Cruz,
Viveu sempre no sucesso
Seus trabalhos, uma luz.

Por circo, rádio e cinema,
Teatro e televisão,
Também salve o centenário
Do torcedor do Timão.
Seu nome se fez história
De amor e alegria:
O Amácio Mazzaropi,
Uma luz que irradia!

No cordel que se segue, Téo homenageia Ivan da Silva Guedes, fundador da Minas Brasil, a mais tradicional rede de farmácias do norte de Minas.

Ivan da Silva, da Minas Brasil, com sua esposa, Mercês Paixão Guedes.

CORDEL DO IVAN DA SILVA GUEDES

Já falei de tanta gente
No meu verso de cordel,
Na raiz do meu repente,
Sou um cantador fiel.
Versarei um grande homem,
Sua vida e seu papel.

O Ivan de Souza Guedes,
Homem simples e guerreiro,
Nascido em Bocaiúva,
Sendo um grande companheiro,
Que é no ramo da farmácia
Campeão norte-mineiro.

No ano de trinta e cinco.
Foi que nasceu o Ivan,
No dia quatro de março,
No cantar da Ribaçã,
Como o Sol de um novo dia,
No canto do Jaçanã.

Maria do Carmo Fróes,
Nome de sua mãe querida,
E Nino de Souza Guedes,
O seu grande pai na vida.
Esse casal importante
Fez parte de sua lida.

O Ivan tem dez irmãos,
Pra todos eu vou contar:
Tem a Ida e Iolanda,
Iza e Ione, vou falar.
Imar, Inês e Iran,
Uma turma exemplar

Eu vou falar da Irene,
Bela como flor bonina,
E vou falar da Idiner,
Pura como a campina,
Não esqueço da caçula,
A querida Catarina.

Morou em Jequitaí
E Coração de Jesus,
Ano de quarenta e sete,
Foi tão forte a sua luz.
Cinquenta pra Montes Claros,
Seu pai todos conduz.

Bondoso e hospitaleiro,
É casado com Maria
Das Mercês Paixão, que é
Uma flor que lhe irradia.
Quatro filhos bem criados
No jardim da alegria

Falarei do Leonardo
E Lyntton José Paixão,
Luciano Frederico,
Do pai seguem a tradição,
Com o Leandro Ivan,
Quarteto de precisão.

Ivan e Dona Maria
Têm o seu trio de ouro:
Três netos maravilhosos
Maria Isabel, um estouro,
E também Ana Ester
E Lucas, que é um tesouro.

Um botão da esperança
Um belo dia vai nascer
Do ventre da sua mãe,
Uma luz pra gente ver:
Lara será uma flor
Que todos vão conhecer.

O Ivan no seu trabalho
Sempre foi um baluarte.
Com doze anos de idade,
Começou esse estandarte.
Com seu trabalho ajudou
O seu pai, que era alfaiate.

No horário de almoço,
Hora extra ele fazia.
Depois do expediente,
Mesmo roteiro seguia,
Aplicando injeção
Renda extra garantia.

E depois de oito anos,
O Ivan deu uma mudada.
Com o seu próprio negócio,
Começou nova jornada.
Samuel Lessa, amigo,
Lhe ajudou nessa empreitada.

E na Rua São Francisco,
Quatrocentos e trinta e sete,
Com o Raulemar Couto,
Um bom sócio que compete,
Essa dupla de primeira
Entrou firme no basquete.

No ano cinquenta e oito,
Seis de maio, vou falar,
Nascia a Minas Brasil
Um fato espetacular,
Trazendo inovações
E Montes Claros encantar.

Na Doutor Santos, catorze,
Ela também funcionou.
Ivan compra esse ponto
Que tantas vezes lavou.
Com Deus e muito trabalho
Até que o dia chegou.

Apenas dois funcionários
Trabalhando no balcão.
A semente desse homem
De fé e muita visão,
Em entrega em domicílio
Primeira da região.

Com Maria das Mercês
Paixão Guedes se casou
No ano sessenta e dois,
Com a finança ela ficou.
Uma mulher que vale cem
Sua marca ela deixou.

Sua primeira filial,
Eu falo com muito amor,
Foi no Bairro Major Prates,
Nos versos do cantador,
E, depois, vieram muitas;
Sucesso de um lutador.

Lá na Francisco Gaetane,
E num Bairro tão bacana
Está lá no dez noventa
Essa firma soberana.
Foi criada uma filial
E a todos engalana.

No ano noventa e seis,
Nova inauguração:
Na Rua Camilo Prates,
Quarenta e quatro em ação,
Moderno Laboratório
E de manipulação.

Montes Claros Shopping Center,
Que também foi contemplado
Com mais uma filial,
Nos anais está marcado.
No ano noventa e sete
Sendo mais um passo dado.

Filial Mestra Fininha,
No oitocentos e oitenta,
No centro de Montes Claros
Todo mundo se contenta,
Ano de noventa e oito
Minas Brasil arrebenta.

E no duzentos e dez
Lá da Cula Mangabeira,
É mais uma filial
Pra gente norte-mineira.
Ano de noventa e nove,
Ivan não é brincadeira!

E lá na João Vinte e três,
Frente à Aroldo Tourinho,
Ano de noventa e nove,
Uma filial de alinho,
Trabalho Minas Brasil
Com amor e com carinho.

Em matéria de farmácia,
Saúdo a Minas Brasil,
Que, além de eficiência,
É honesta e gentil,
Tem preço e qualidade,
Seu trabalho vale mil.

São quase cinquenta anos,
Servindo o norte mineiro
E quatrocentos empregos,
E um estilo pioneiro.
Viva Ivan de Souza Guedes,
Esse grande brasileiro!

O nome Minas Brasil,
Uma firma capacitada,
Dentro de Minas Gerais
Sua história está marcada.
O povo conhece bem
Essa marca registrada.

Quem contou esse cordel
Nunca perdeu o enredo.
Sou poeta catrumano,
Um matuto sem segredo,
Um filho de Alto Belo,
Meu nome é Teo Azevedo.

CATRUMANO

O Jagunço Riobaldo com seu bando, encontrou um povo catrumano na região do córrego Sucruiú, nas terras de Brasilândia, caminho do Vale do Urucuia, norte de Minas. Era um povo primitivo, diferente de tudo que se tinha visto em se falando de gente naquela região. Usavam vestimentas simples de couro, e viviam numa comunidade isolada. Eram de pele morena, orelhas grandes, nariz meio chato, de pouca conversa e linguajar bem diferente do existente na região. Além disso, tinham a mania de dormir fungando. Eram cheios de crendices e superstições, entre elas destacamos uma muito forte: quando desejavam que alguém morresse, ficavam com terra nas mãos três dias e três noites, e depois tiravam a terra da mão e jogavam em determinado local, que no prazo de três meses aparecia ali uma sepultura da pessoa que eles desejavam que morresse.

Extraído e adaptado do livro *Grande Sertão Veredas*, de Guimarães Rosa, p.335. Em 1952, ano da viagem de pesquisa do autor; 1956, ano de lançamento do livro.

RELATO DE TÉO AZEVEDO SOBRE SEU CONHECIMENTO DA PALAVRA "CATRUMANO"

Por volta de 1946, eu com meus três anos de idade, meu pai já me levava para algumas cantorias que ele fazia com outros cantadores da região, assim como bailes de latada e tempo das folias de reis. Eu ouvia muito meu pai e outros cantadores que travavam porfia com ele usarem a palavra "catrumano". Eu com cinco anos de idade, lembro-me quando um amigo seu, Chico Ferreira, morreu, ele disse com muita ênfase: "Aquilo que era homem de verdade! O verdadeiro patrimônio!"

Meu pai queria dizer que o catrumano era um homem sertanejo, trabalhador, honesto, bom pai de família, alegre e que gostava das coisas simples da nossa cultura popular. E ouvi também ele dizer que esta palavra "catrumano" ele aprendeu do meu avô José Izídio de Azevedo (Juca Ferreiro), nascido em Itamarandiba, no Vale do Jequitinhonha, no dia 1º de setembro 1872, e falecido em 1965, na fazenda do Cará, distrito de Carbonita. Ele viveu muitos anos em Bocaiúva exercendo o ofício de ferreiro, onde nasceu a maioria dos seus filhos mais velhos, inclusive *Tiofo – o Cantador de um Braço Só*. Tempos depois, Juca comprou a família do Cará, no então distrito de Carbonita, na região dos rios Jequitinhonha e Araçuaí. Os filhos mais novos nasceram nesta cidade.

Meu pai nasceu no dia 9 de fevereiro de 1905, em Bocaiúva, vindo a falecer em 1951. Ele tinha mais quinze irmãos.

Com o decorrer do tempo, após a morte do meu pai, na imigração na capital de São Paulo, por volta dos dez anos de idade, quando eu estava trabalhando com o camelô pernambucano Antônio Salvino, abrindo rodas com a cobra jiboia de dois metros e meio no pescoço para ele vender os remédios, como óleo de peixe elétrico, elixir de longa vida, sabão para coceiras, cafubiras etc. Eu cantava repente no ritmo de calango e usava muitas palavras do linguajar matuto, entre elas a palavra "catrumano" para me referir ao homem sertanejo de alto valor. Fiz dezenas de cordeis e músicas usando esta palavra, até que em fins de 1979, com a fundação da Associação dos Repentistas e Poetas Populares do Norte de Minas, conheci o Grupo Agreste e, junto com eles, resolvemos divulgar e adotar de vez a palavra "catrumano" como termo de identificação do homem sertanejo de alto valor no lugar das palavras "capiau" ou "matuto". Este foi o primeiro movimento brasileiro de valorização da palavra "catrumano".

Do Grupo Agreste, Braúna foi o que mais divulgou esta palavra, inclusive lançando um livro com este título. Eu levei esta palavra para o Brasil todo através da literatura e da música, inclusive lancei pela Editora Letras & Letras, em parceria com o jornalista paraibano Assis Ângelo, o livro "Dicionário Catrumano" (1996), com cerca de cinco mil palavras. Estou com um outro livro de minha autoria, inédito, que vai se chamar "Linguajar do Catrumano", com aproximadamente doze mil verbetes.

Movimento Catrumano

Criado em 2005 o Movimento Catrumano é o responsável pela criação do "Dia dos Gerais", dia 8 de dezembro, por meio da proposta de emenda constitucional número 21, de autoria do deputado estadual Paulo Guedes, com relatoria do deputado estadual Luiz Henrique. Também se engajaram no Movimento Catrumano o então deputado estadual Luiz Tadeu Leite, o antropólogo João Batista Costa Almeida, o Joba, bem como instituições como Amagis – Associação dos Magistrados Mineiros, AMAMS – Associação dos Municípios da Área Mineira da Sudene, a Fundação Genival Tourinho, a Fundação Darcy Ribeiro, o Instituto Histórico e Geográfico de Montes Claros e a Unimontes.

O Movimento Catrumano tem como objetivo fazer um resgate histórico do norte de Minas, tendo como referência a luta dos municípios da região para conferir a Matias Cardoso o título de "Primeiro núcleo de povoação do estado".

Em 1660 a Igreja da Matriz de Nossa Senhora da Conceição, construída de frente para o rio São Francisco na cidade de Matias Cardoso, no norte de Minas, representa um marco desta povoação. A cidade leva o nome do seu fundador, o bandeirante paulista Matias Cardoso.

Invasão Catrumana no Palácio da Liberdade

Os portões do Palácio da Liberdade foram abertos no dia 24 de maio de 2007 para receber 354 presidentes de associações comunitárias e prefeitos de 95 municípios do norte do Estado e dos vales do Jequitinhonha e Mucuri, um movimento denominado "Invasão Catrumana". Os componentes do movimento foram a Belo Horizonte assinar convênios e participar da solenidade de liberação de mais R$ 18,5 milhões para o Programa de Combate à Pobreza Rural (PCPR), do Governo de Minas. O programa está assegurando obras de infraestrutura, de saneamento básico e arranjos produtivos diversos que estão transformando a realidade da região onde vivem essas lideranças comunitárias, beneficiando diretamente 23.600 famílias.

Os líderes comunitários atravessaram a alameda da Praça da Liberdade embalados pela música regional dos artistas mineiros Jackson Antunes e Téo Azevedo — que esteve acompanhado pelos músicos Sinval de Gameleira na sanfona, José Osmar na zabumba, e Arnaldo de Paixão no triângulo. O então governador Aécio Neves e sua secretária de Estado de Desenvolvimento dos Vales do Jequitinhonha e Mururi, Elbe Brandão, os conduziu aos jardins internos do Palácio, onde foi assinada a liberação dos recursos. Os R$ 18 milhões na época autorizados pelo governador estão financiando 354 projetos definidos como prioritários por associações de trabalhadores de pequenos produtores rurais, artesãos, pescadores e donas de casa que buscam alternativas para melhorar a renda familiar e a qualidade de vida.

O governador cantor

Foi uma manhã histórica e maravilhosa, em que o governador Aécio Neves recebeu o movimento na porta do Palácio da Liberdade. Na ocasião, Aécio e Elbe Brandão foram saudados pelos versos do cantador Téo Azevedo, nos quais também agradeceu pela respeitosa receptividade ao Movimento Catrumano na sede do Governo de Minas.

Querida Elbe Brandão
Secretária nota mil
Me colocou num evento
Com seu jeito tão sutil
Me elevou em seus planos
O show dos quinhentos anos
Das terras deste Brasil.

No Parque da Gameleira
Senti muita emoção
O maior show que eu tive
E fiz com o coração
No verso falo a verdade
Que essa oportunidade
Devo a Elbe Brandão.

O amigo Aécio Neves
Um grande governador
Ajudando os Catrumanos
Com carinho e muito amor
Trabalha com devoção
Bom de administração
Além de ser bom cantor.

Nossa terra é muito pura
Igual a águas cristalinas
Nossa terra é de raça
Paisagens tão divinas
Um povo hospitaleiro
Um exemplo de mineiro
Dos vales e norte de Minas.

Prezado Aécio Neves
Nossa eterna gratidão
Ajudando os Catrumanos
Os guerreiros do sertão
Seu trabalho é competente
E ao som do meu repente
Saúdo a Elbe Brandão.

Obs.: Acima relembramos alguns versos feitos de improviso por Téo Azevedo. A presença do cantador e Jackson Antunes na solenidade se deu em função de sugestão feita conjuntamente pela deputada estadual Ana Maria Resende, pela secretária de Estado Elbe Brandão e pela secretária-executiva da Associação dos Municípios da Área Mineira da Sudene – AMAMS, Beatriz Morais.

Em seguida, o ator e cantador Jackson Antunes pronunciou as seguintes palavras: "Se este povo já é corajoso e faz tanta coisa bonita, passando por tantas dificuldades, imagine se alguém lhe estende a mão e proporciona a este homem poder caminhar sozinho, ter mais condições de melhorar, ter condições de ter esperança, ninguém segura este homem", se referindo à importância do PCPR para o homem do campo.

Depois do cerimonial todos se descontraíram e houve show ao ar livre numa tenda com palco e aparelhagem de som. As apresentações foram atentamente assistidas por todos os presentes. Jackson Antunes cantou e declamou vários números, Téo Azevedo fez o encerramento também cantando e declamando, e depois chamou o governador para encerrar a apresentação. Acompanhado por Téo e seus músicos, Aécio cantou a música de Renato Teixeira e Almir Sater "Tocando em frente", sendo aplaudido de pé. Este dia representou mais um marco vitorioso do Movimento Catrumano.

Interpretações do Catrumano

Há várias polêmicas sobre o significado do termo catrumano. Para o meu avô, nascido em Itamarandiba, o catrumano, conforme ele aprendeu com o pai, era o homem sertanejo de alto valor. Para alguns pesquisadores mais antigos o catrumano era a pessoa sertaneja que andava de forma meio esquisita, às vezes usando as duas mãos para ajudar andar. Outros dizem que catrumano quer dizer "o ser humano com quatro membros: duas mãos e dois pés". Para mim, o catrumano é o homem que não tinha outro meio de se locomover pelo sertão a não ser sobre o lombo de um animal de montaria, nas barrancas de São Francisco, desde o tempo em que Tomé de Souza criou duas torres na região. A margem direita do rio pertencia à Bahia, e a margem esquerda a Pernambuco, que tempos depois, para evitar o contrabando de diamante, estas duas torres foram doadas para Minas Gerais.

Invasão catrumana. Jackson Antunes, Téo Azevedo, Trio Pequizeiro. Praça da Liberdade (BH).

Invasão catrumana. Jackson Antunes, Téo Azevedo, Aécio Neves e Elbe Brandão. Palácio da Liberdade (BH).

Em outras prosas, seria quatro sobre quatro, ou seja, duas mãos e duas pernas em cima de um animal de quatro patas (ou duas mãos e duas pernas, no dizer catrumano).

O certo é que o Movimento Catrumano, de um modo geral, vem ganhando muita força no norte e nordeste de Minas e vales do Jequitinhonha e Mucuri.

COCO DA GLÓRIA CATRUMANA*

(Téo Azevedo – Sextilha da linha 7 sílabas, rimas: segundo, quarto e sexto versos.)

Nossa terra é tão pura
Igual águas cristalinas
Onde é lindo o fim da tarde
E o nascer das matutinas
Somos catrumanos natos
Filhos do norte de Minas.

Norte é o primo bonito
Que tem a Minas Gerais
Uma região modesta
De grandes mananciais
Quem conhece nossa terra
Não esquece nunca mais.

Nosso povo é bom de prosa
Muito alegre e gentil
Caridoso e humano
Uma joia do Brasil
Se pisar em nosso calo
Nós viramos um Rotil.

Nós gostamos da cagaita
Jenipapo e buriti
A mutamba e a pitanga
Grão-de-galo, baco-pari
Cajuzinho e a pitomba
A mangaba e o pequi.

A farofa de andu
E o tutu de feijão
Carne de sol de dois pelos
Consumê e o baião
E o frango ao molho pardo
São dicumê do sertão.

A manteiga de garrafa
O queijo e o requeijão
Orapronobis e andu
O surubim com pirão
A melhor pinga do mundo
É da nossa região.

Nossos remédios do mato
Da quina ao barbatimão
Carobinha e mastruz
São Caetano e gervão
A Escada de Macaco
Faz do homem um leão.

Crenças e superstições
Ouro do Fogo de Facho
Saci, a Bala de Ouro,
A Lenda do Rio Abaixo
Também o Caboclo D'Água
E Dó, cangaceiro macho.

---

* Cordel encomendado pelo Movimento Catrumano em 2011.

São Gonçalo do Amarante
O calango e a toada
Chula, moda de viola
Caboclinho e marujada
Catopês e pastorinhas
Aboio e vaquejada.

O Cerrado é generoso
Tem chapada e gerais
Caatinga e taboleiro
Mata Seca e carrascais
Velho Chico e outros rios
Lagoas e pantanais.

É uma nova visão
Sobre a nossa história
Mil seiscentos e sessenta
Para nós foi uma vitória
Inauguração da igreja
Para o Norte uma glória.

Dia oito de dezembro
A Igreja da Matriz
Data da inauguração
O povo ficou feliz
Movimento Catrumano
Tinha ali sua raiz.

Foi em Matias Cardoso
Que este fato aconteceu
A Igreja da Matriz
Presente que Deus nos deu
Sendo a primeira de Minas
Governo reconheceu.

Os Currais de Pernambuco
E os Currais da Bahia
Assim começou o Norte
Produção de Garantia
Com o abastecimento
O garimpo prosseguia.

Unimontes e Amams
Montes Claros, a Prefeitura
Uma santíssima trindade
Feita com a alma pura
Amagis fundamentou
Preservar nossa cultura.

Dia oito de dezembro
Dois mil e oito, o ano
Nasce o Dia dos Geraes
Uma festa em alto plano
Vitória espetacular
Movimento Catrumano.

Cidadania Honorária
A de Matias Cardoso
Muita gente recebeu
Esse título tão garboso
Movimento Catrumano
Ficou mais vitorioso.

Assembleia Legislativa
Da nossa Minas Gerais
Dia oito de dezembro
Que entrou nos seus anais
A transferência simbólica
Festa bonita demais.

Deputado Paulo Guedes
O projeto iniciou
Tadeu e Luiz Henrique
O trabalho reforçou
Lasmar do Instituto
Histórico aprovou.

Também ajudou muito
Com afinco e carinho
Fundação Darcy Ribeiro
E a Genival Tourinho
Resgatando os catrumanos
E abrindo os caminhos.

E no Minas Gerais
O Decreto publicado
Ano de dois mil e onze
O trem foi todo aprovado
Aí Matias Cardoso
Foi a capital do Estado.

Governo de Anastasia
Ajudou em todos planos
Senhora Maria Coelli
Yo tengo tantos hermanos
E "agora os mineiros
Somos todos catrumanos".

Salve, ó Matias Cardoso
Foi um bravo bandeirante
Para o norte de Minas
Um homem muito importante
Seu nome virou história
Um desbravador brilhante.

Sou um poeta matuto
Cantador e Violeiro
Filho do Bardo Tiofo
Versador e garimpeiro
Catrumano que nem eu
Filho do norte-mineiro.

CAIPIRA

Segundo alguns pesquisadores a palavra caipira é corruptela de caipora, no entanto, em algumas regiões do Brasil o Caipora é um ente sobrenatural que vive nas matas.

Caipira, caipora, caapora, capiau

Segundo o dicionário Aurélio a palavra tupi caapora, "aquele que mora no mato", possivelmente deu origem à palavra caipira. Ainda conforme a mesma fonte, a palavra capiau é de origem guarani com o mesmo significado de caipira. Estas palavras eram muito faladas com referência ao caboclo (palavra tupi) mestiço de índio com branco.

São vários os termos para o sinônimo de caipira no Brasil: araruama; babaquara; babeco; baiano; baiquara; barriga verde; beira-corgo; beiradeiro; biriba ou biriva; bocó; botocudo; brocoió; bruaqueiro; caapora; caboclo; caburé; cafumango; caiçara; cambembe; camisão; canguçu; canguai; capa-bode; capiau; capicongo; capuava; capurreiro; cariazal; casaca; casacudo; casca-grossa; catatua; catimbó; catrumano; chapadeiro; curau; curumba; groteiro; guasca; jacu; jeca; jeca-tatu; lapiau; loque; macaqueiro; mambira; mandioqueiro; mano-juca; maratimba; mateiro; matungo; matuto; mixanga; mixuango ou muxuango; mocorongo; moqueta; mucufu; pé-duro; pé-no-chão; pioca; piraguara; piraquara; queijeiro; restingueiro; roceiro; sauqarema; sertanejo; sitiano; tabaréu; urumbeba ou urumbeva; pé-de-breque.

Caipiraçara: é o caipira do litoral paulista chamado de caiçara, de sotaque fortemente influenciado pelos índios. Fala devagar e meio preguiçoso.

Caipiraná: É o caipira do interior do Estado do Paraná, com grande influência do caipira mineiro, devido à imigração dos mineiros destinados a trabalhar nas lavouras de café paranaenses, no início do século XX.

Caipirano: é o caipira de uma grande parte do interior de Goiás na divisa com Minas Gerais, com forte influência mineira, principalmente na culinária e nos costumes. Referência: o fruto do pequizeiro (árvore nativa do cerrado).

Caipiranós: é o caipira do interior paulista descendente de italianos e espanhóis, cujo sotaque se assemelha ao da dupla Tonico e Tinoco. Falam muito e pausadamente.

Caipirasanto: é o caipira do interior do Estado do Espírito Santo, da região da divisa, sofrendo influência de Minas Gerais.

Caipirasul: é o caipira do sul de Minas com influência do interior de São Paulo, com sotaque carregado, que costuma pronunciar porco, gordo e carne, dizendo: "poico, goido e caine".

Caipirauai: é o caipira do norte de Minas Gerais e do vale do Jequitinhonha (Região do Grande Sertão Veredas). Devido à extensa divisa com o Estado da Bahia essa região é a divisa do sul do Brasil com o nordeste, sofrendo algumas influências da cultura nordestina.

Caipirazebu: é o caipira da região do Triângulo Mineiro (Uberaba, Uberlândia e região). Sotaque forte, e supre as primeiras letras de algumas palavras. Exemplo: Uberaba, Uberlândia, abacate e abacaxi, costumam dizer: "Beraba, Berlândia, bacate e bacaxi".

Caipirê: é o caipira da região de Tietê, Sorocaba, e outras regiões. Pelos costumes e sotaques, são dos mais autênticos caipiras do Brasil.

Caipiré: é o caipira da região do Vale do Paraíba, cuja cidade mais influente é Taubaté e Guaratinguetá. É uma mistura do caipira mineiro com o caipira paulista. É influenciado pelo ciclo do ouro. O protótipo em que Monteiro Lobato se inspirou para criar seu famoso personagem "Jeca Tatu".

Caipireu: É o caipira do interior do Estado de Santa Catarina, com forte influência europeia, cujo sotaque é mais carregado sob a letra "r" das palavras.

Caipiroca: é o caipira do interior do Estado do Rio de Janeiro, da região que divisa com Minas Gerais, que não falam no estilo tradicional carioca onde se puxa a letra "s", mas sim sob forte influência do caipira mineiro da zona da mata.

A viola caipira

A viola caipira é o instrumento popular mais importante na música caipira autêntica. Chegou ao Brasil com nossos colonizadores, em dois estilos: com dez e doze cordas, e regra inteira (escala completa) e meia regra (escala até o bojo).

No país ganhou o gosto do povo rural e foi tomando conta do sertão brasileiro. Aliás, muitas das afinações que se podem tirar do instrumento foram criadas em nossa terra. Entre elas, Rio Abaixo, Quatro Pontos, Cebolão, Paulistinha, Meia Guitarra, Guitarra Inteira, Travessada, Rio Acima, Taboca, Vencedor, Natural e Rodrigão são as mais conhecidas. Mas a afinação que realmente caiu no gosto popular foi a Cebolão (si, mi, lá bemol, si, mi).

O tipo de viola que se adaptou no Brasil foi a de dez cordas, embora existam outros tipos. A de doze virou violão duplo.

Durante muitos anos, a música de viola sofreu muito preconceito. Nesse sentido, o Estado mais afetado foi Minas Gerais, terra de muitos violeiros. Quando se via ou ouvia alguém pontear uma viola em qualquer lugar, sempre aparecia alguém, em tom de gozação, exclamando: "Oi Minas Gerais!", "Oi lá em casa!".

Mas os anos foram se passando, até que um dia surgiu um cantador violeiro nascido na região do norte de Minas, por nome José Dias Nunes (Tião Carreiro 13/12/1924 – 15/10/1993). Há uma polêmica a respeito de uma segunda data de nascimento, que é 13/12/1934, ou seja, uma segunda documentação que lhe daria 10 anos a menos. Dia 13 de dezembro é o dia de Santa Luzia, padroeira da visão, e também o dia em que nasceu

Luiz Gonzaga. Há outra polêmica relacionada ao lugar em que ele nasceu, se é Livramento, distrito de Monte Azul, ou se no distrito de Juramento.

Saiu do norte de Minas quando tinha por volta de 9 anos e foi com os irmãos para a região de Araçatuba-SP. Aprendeu a tocar violão sozinho. Em 1950, com 14 anos de idade, trabalhou no Circo Giglio, onde cantava em dupla com o seu primo Valdomiro, da antiga dupla Palmeirinha & Coqueirinho. Até aí o Tião não tocava viola, mas o dono do circo dizia para ele que quem cantava música sertaneja em dupla tinha que tocar viola. Um certo dia, Tonico & Tinoco iam se apresentar à noite num circo em Araçatuba. O Tinoco deixou a viola no circo. Tião se aproveitou que o Tinoco não estava, e começou a conhecer o mundo da viola, pois a sua intenção era tocar este instrumento. A partir daquele dia ele se apaixonou pela viola e acabou tornando-se o mais importante violeiro da história do Brasil.

Tião Carreiro fez diversas duplas, com diversos nomes. Usando o nome de Zezinho, em dupla com Lenço Verde, como Palmeirinha, em dupla com Coqueirinho, e como Zé Mineiro, em dupla com Tietêzinho. Ralou muito até adotar seu nome artístico definitivo e ter muito sucesso: "Tião Carreiro".

Fez dupla com Antônio Henrique de Lima, o Pardinho. Uma das pessoas mais importantes na vida de Tião foi Adauto Ezequiel, o Carreirinho, que ajudou muito Tião artisticamente. Anos depois, Tião chegou a fazer dupla com "Paraíso", "Praiano", e cantou em shows eventuais com outros parceiros. A voz de Tião era grave, mas muito afinada e bonita. E seu jeito diferente de cantar, além de tocar a viola, foi o que mais chamou a atenção.

Além disso, em 1959 nosso Tião Carreiro criou um gênero caipira, batizado por seu parceiro de composições, Lourival do Santos, como "Pagode". Não confundir com o "pagode" samba. Foi uma fantástica criação. À batida da mão direita sobre o violão, Tião misturou dois ritmos bem típicos de sua região: o "Coco de Viola" e o "GuaianoTrançado". Na mão direita da viola colocou o recortado, dos ritmos tradicionais do folclore brasileiro do sul do país. Com isso, criou-se esse gênero, o "Pagode", que acabou se tornando um dos mais populares no Brasil, inclusive a música "Pagode em Brasília", que estourou no país inteiro.

Tião deixou por volta de 45 trabalhos gravados e participou como convidado de vários discos de artistas amigos. Inclusive no LP da cantora alagoana Clemilda, na música "Prosa de Valentão", de minha autoria.

Tião Carreiro está para a música caipira como Bach, austríaco, é para a música clássica. Sua influência sobre a viola caipira é tão fantástica que, ainda hoje, é o violeiro que mais atrai seguidores. Foi em virtude desse exímio violeiro que o preconceito em relação à viola caipira começou a ruir.

Tião faleceu no dia 15 de outubro de 1993, no Hospital da Beneficência Portuguesa, em São Paulo.

Depois disso, outro mineiro, de Abaeté, por nome Renato Andrade (28/08/1932 – 30/12/2005), músico de formação erudita, surgiu. Trocou o violino pela viola caipira. Sua escolha acabou encantando o Brasil com a mistura do clássico com a música caipira, derrubando outro muro de preconceito existente contra o instrumento.

Em 1979, descobri um violeiro de 68 anos de idade, por nome José Barbosa dos Santos (01/01/1911 – 13/09/1998), Zé Coco do Riachão, que morava em

Montes Claros-MG. Ele tocava todos os instrumentos de corda, e ainda era um grande luthier, já que os fabricava como ninguém.

Depois de muita luta, produzi dois discos de vinil de Zé Coco do Riachão, pelo selo Rodeio/WEA. O primeiro foi lançado em 1980. O segundo, em 1981. Ambos foram muito elogiados pela crítica, como melhores discos de seus respectivos anos.

O trabalho de Zé Coco foi um verdadeiro achado, um tesouro. Com alguns solos de rebeca e viola, Zé Coco mostrou a influência de melodias renascentistas medievais que o Brasil ainda não conhecia. Este trabalho se tornou tão relevante que o Dr. Ralph, do primeiro canal de TV da cidade de Baden, na Alemanha, ao ver Zé Coco dedilhar os instrumentos, comentou que o violeiro era uma espécie de "Beethoven do Sertão". E, com isso, mais um pedaço do muro chamado preconceito contra a nossa viola foi derrubado.

No início dos anos 1980 surgiu um jovem, desta vez mato-grossense, de Campo Grande, por nome de Almir Sater, nascido em 14/11/1956. Esse violeiro revolucionou a viola caipira. Inspirado em Tião Carreiro, Almir pôs por terra o resto de preconceito que ainda existia contra o instrumento. Sua maneira de tocar inspirou outras pessoas, de diversas classes sociais, a se interessarem pela viola.

Atualmente, existem vários segmentos da sociedade tocando viola: médicos, advogados, engenheiros e até cientistas. Algumas universidades de música passaram a adotar a viola como matéria obrigatória da grade curricular de cursos superiores de música, e foram criadas dezenas de orquestras de viola pelo Brasil inteiro, sendo a maioria dos participantes jovens, e também muitas mulheres.

No mais, a viola também passou a estar presente junto a outros ritmos musicais, indo do rock à MPB, do blues à música clássica. E, quanto a isso, não podemos deixar de citar um professor de viola, nascido em Limeira-SP e residente em Barretos-SP, chamado Gedeão Nogueira (16/04/1945 – 23/07/2005). Gedeão da Viola foi também um grande contribuinte na propagação do gosto pela viola caipira.

Ludovina e Helena Meirelles: A força da mulher na viola

A primeira mulher famosa no Brasil tocando viola foi a baiana Ludovina, criada no norte de Minas, no século XVIII. Um dos seus toques foi adaptado por José Coco do Riachão e gravado no LP "Brasil Puro", Rodeio, 1980. E também tivemos a violeira mato-grossense, de Campo Grande, Helena Meirelles (13/08/1924 – 28/09/2005), que também foi uma bandeira na viola.

Hoje em dia temos a Juliana Andrade, nascida em 06/01/1981, que é uma das grandes feras da viola caipira. Mais recentemente surgiu a mato-grossense Bruna Villas Boas Kamphorst, conhecida como Bruna Viola, nascida em Cuiabá, em 25 de maio de 1993.

Sérgio Bavini, o popular Sérgio Reis, nascido em São Paulo em 23/06/1940, deu grande contribuição à música caipira quando, em 1973, deixou a Jovem Guarda e vestiu a camisa caipira de vez, estourando no Brasil todo com a música "O Menino da Porteira". Desse jeito ajudou muito a quebrar o preconceito que havia em relação à música caipira.

Os caipiras fora de série

Cornélio Pires, Capitão Furtado, Inezita Barroso, Taís de Almeida Dias e Rolando Boldrim.

ABECEDÁRIO CATRUMANO*
Téo Azevedo – Braúna

Ximbica, xexeu, xilindró
Zambeta, zambi, zabelê
Taí a linguagem da roça
Taí o nosso ABC
Essa é a Língua Pátria
Que lá no sertão prevalece
Isso aí é o português
Que muito doutor desconhece.

Jacuba, jirau, jaburu
Laruê, libuno, lodaça
Mungulu, mangalô, mangangá
Nhambu, nica, negaça
Ouriço, ontonte, ojeriza
Pindoba, pixaim, picumã
Canga, quibungo, cangalha
Rolete, rapé e romã.

* Este material foi extraído do livro inédito de Téo Azevedo *Linguajar Catrumano*, a ser lançado em breve.

Sururu, supitá, samborá
Taioba, tipoia, tangê
Unguento, urutu, urucu
Vaqueta, vara-pau e vancê
Araticum, apiá, arapuá
Burrulé e o barbatimão
Croeira, cruvina, caburé
Diriça, diacho, danação.

Embira, enfastia, estupora
Futrica, faniquito, fulô
Gabarro, gastura, Gonzaga
Indez, inhaca, impagadô
Currutela, curnicha e capado
Tiborna, tiú e taquara
Fifó, fedegoso e faiô
Assunta, assa-peixe e arara.

Téo Azevedo canta na Assembleia Legislativa de Minas Gerais (nova Invasão Catrumana)

No dia 3 de dezembro de 2007, a Assembleia Legislativa de Minas Gerais realizou uma reunião especial em homenagem à Associação dos Municípios da Área Mineira da SUDENE–Amams, pelos seus 30 anos de fundação. A entidade representa 92 cidades do norte de Minas. O poeta, cantador e violeiro Téo Azevedo foi convidado para se apresentar na solenidade porque as características de sua arte são representativas da região, e também por ser um defensor e divulgador da música de raiz.

A deputada estadual Ana Maria Resende foi a autora do requerimento que deu origem à homenagem. Da solenidade participaram a deputada Elbe Brandão, Secretária de Estado Extraordinária para o Desenvolvimento dos Vales do Jequitinhonha, Mucuri e do norte de Minas, no ato representando o governador do Estado, Aécio Neves; o deputado federal Jairo Ataíde; os deputados estaduais Luiz Tadeu Leite, Paulo Guedes, Ruy Muniz, Djalma Diniz, Vanderlei Jangrossi e Weliton Prado; Valmir Morais de Sá, presidente da Amams e prefeito de Patis; o professor Paulo César Gonçalves de Almeida, reitor da Unimontes – Universidade Estadual de Montes Claros; o tenente-coronel. Alexandre Lucas Alves, secretário-executivo de Defesa Civil do Estado.

Estiveram presentes no plenário da Assembleia de Minas o ex-deputado Roberto Amaral, representando o Sindicato Rural de Montes Claros e a cooperativa agropecuária desse município; Ronaldo Ramon, prefeito de Francisco Sá; José Nílson, prefeito de Padre Carvalho; José Barbosa Filho, prefeito de Catuti; Reinaldo Landulfo Teixeira, prefeito de Capitão Enéas; Carlúcio Mendes Leite, prefeito de Mirabela; Filomeno Figueiredo, prefeito de Guaraciama; Anderson Chaves, superintendente da Codevasf – Companhia de Desenvolvimento dos Vales do São Francisco e do Parnaíba; os vereadores José Antônio Ferreira e Vítor Hugo, presidente da Câmara Municipal de Taiobeiras; servidores da entidade homenageada e militares integrantes da Defesa Civil do Estado.

Em seu pronunciamento, o deputado federal Jairo Ataíde cumprimentou e parabenizou Téo Azevedo: "Você, Téo, é o nosso cantador ilustre do norte de Minas, que canta em prosa e verso as nossas alegrias, angústias e conquistas. Parabéns, amigo". Uma das canções cantadas por Téo Azevedo faz referência à aroeira, e o deputado aproveitou a deixa para falar que na vida é importante ser como a aroeira, uma espécie de árvore cuja madeira é muito resistente. No mesmo contexto, tendo em vista a longa estiagem na época vivida pelo norte de Minas, Jairo Ataíde acrescentou: "Mas aprendi com meu pai que, em alguns momentos, precisamos ser como o jacarandá, que enverga, mas não tomba".

Depois de parabenizar a deputada estadual Ana Maria pela iniciativa de levar Téo Azevedo à Assembleia para se apresentar na solenidade, Jairo Ataíde se dirigiu ao cantador e disse: "Você consegue com sua poesia traduzir os sentimentos. Dizem que a poesia é a mais dura versão dos fatos. Que você, Téo, nunca deixe de ser poeta. Na medida em que você continuar sendo o que é, será legitimado por todos nós, por toda a representação da região, não só como o rei do pequi, mas também como o representante da alma diversa dos batuques do tambor e da viola da nossa gente".

O deputado estadual Vanderlei Jangrossi, que presidiu a solenidade, também mencionou Téo Azevedo em seu pronunciamento: "Téo Azevedo, homem que fala em prosa e verso do amor e do sentimento do sertanejo mineiro", em tom de homenagem ao violeiro nascido e criado na região.

Além da deputada Ana Maria Resende, outra personalidade que uniu forças no sentido de levar Téo Azevedo à Assembleia foi a advogada e então secretária-executiva da Amams, Beatriz Morais de Sá Rabelo Corrêa, hoje subsecretária de Desenvolvimento Regional e Política Urbana de Minas Gerais.

AOS AMIGOS DE ALTO BELO

Téo Azevedo fala com convicção de sua terra de nascença e vivências, quando diz:

– Eu acho São José de Alto Belo a melhor terra do mundo pra se viver, e é no seu solo que quero ser enterrado para receber o abraço eterno porque lá o calor humano é mais forte, cheio de carinho, amizade e amor ao próximo. Louvo os meus amigos eternos, muitos já se foram mas serão sempre inesquecíveis... Lembro-me de todos: Donero, Domingos, Tone de Esperidião, Marronzinho, Dim Ferreira, Melê, Jucão, Aristide, Otavão, Salu, Joaquim de Orácio, Pedro Izidoro, Zé Panam, Tiú de Maria, Plastinha, Geraldo Messias, João Leobino, João Preto, Zé orelha, Joviniano, Zé de Quita, Tia Lurdinha, Dericão, Elcio Meira, seu Líbano, Tiburtino, Reinaldo Figueiredo, Zé Petronilio, Zé de Viana, Ana de Chico, Betinho, Lurdes, Jorge Santos, dona Elpídia, dona Joaquina, Ana de Raimundo Coco, Dominguinhos, dona Petrinha, Nenê Bolão, Maria pé-de-galo, Alfredinho, Zé Jiboia, Pedrão, Maria Ferreira, Gim Taboca, Valdecir de Teté, Baltazar, Ilá, Dalice, Nezinda, Tião Vaca, Secundo, Benjamim Rego, Os Fragas, Pedro Cocó, João Nunes, Ivan, Geraldino da Rocha, Alfredinho, Silva, Basílio, Paulo Maia, Paulo Pastolé, João Roxo, Luiz Caldeira, Augustinho Rebequeiro, Norato, Geralda Braga, Galdêncio, Dona Otilia, Marcelo, Velho, Zeca, Victor, João Tábua, Levi Torquato,

Bichinho, Manoel de Dargio, Jorge Pereira, João Capanga, Antonio Fernandes, José Adriano, Chico Carreiro, João de Aleixa, Chiquinho, Almir Celestino, José Ildeu, Avelino, Augusto Cari, Neco, Jonas, Adão, Zé Prego, Zé Mapinha, Otávio do Ó, José Osmar, Né de Figueredo, Edinho, Peixão, Manoel Fernandes, Adão, Vieira, Décio Rabequeiro, Teozinho, Zé Trincha, Antônio dos Caris, Maria de Zefina, João de Braulino, Osvaldo Santos, Vicente Colodino, Xisto do Ó, João Caldeira, João Cabelo de Milho, Chico Ferreira, Teófilo Izidoro, Dona Quelé, Zuino, Dona Paula, Dona Joaquina, Licinho, Dona Chiquinha, Godencinho, Zé Pucinho, Bem Azevedo, Antonio Augusto, Maria Flor de Maio, Adelino, Cícero... E outros que se perderam na memória, mas que estão guardados no coração...

VIDA,
VERSO
E VIOLA
EM IMAGENS

Gepê, Téo, Dorival, Arimateia e um amigo. Casa de Dorival do Globo Rural (SP).

Antônio Augusto Azevedo e amigos numa rodada de seresta, no fundo o cronista Teodomiro Paulino. Montes Claros (MG).

Autor na praça. Lançamento do livro *As duas guerras de Wlado* de Audálio Dantas. Praça Benedito Calixto, São Paulo, 2013.

Bar do João. Camilo Prates (MG).

Carlos Felipe com o deputado Zé Silva e Téo Azevedo. Cidade Administrativa (BH), 2013.

Estúdio RC Master. Coral de gravação. Toninho, Téo, Daiane, Felipe e o cantor argentino Alberto Cabañas. (SP)

Zé Lu, Josecé, Tom Andrade, Téo e Fatel Barbosa (Lançamento de CD). Curral do Boi, Montes Claros, 2013.

Fazenda de Otávio e D. Rosa. Serginho, Bresser, Jorginho, Wilmar e demais amigos. Alto Belo.

Estúdio Bemol, gravação do Projeto Guimarães Rosa – João, Wilmar, Frei Chico, Pereira, Téo e Clarinha.

Fazenda Bonsucesso. Nede Figueiredo, Téo, Patrús Ananias e Genesco (irmão de Nede). Alto Belo.

Festa de lançamento do CD *Sob o olhar januarense*. Maria Aparecida, filha de Téo, a escritora Amelina Chaves e Téo. Januária, 2012.

Folia de Reis na casa do ex-prefeito Adevaldo Prás. Guaraciama (MG), 2013.

Jornalista Carlos Felipe e Téo Azevedo, estúdio de gravação Bemol, Projeto Guimarães Rosa (BH).

Genival Lacerda (centro), Zé Lu, Wilmar, Izabel, Aroldo, Arimateia, Bresser, Serginho e Jorginho, no fundo Adinália. Fazenda do Otávio e D. Rosália, Alto Belo.

Leca, Téo com as violas do violeiro e a esposa D. Nair. Casa de Tião Carreiro. (SP), 2013.

Úrsula Carneiro, Lola Chaves, Téo Azevedo, Marcelo Ricaldoni, tradicionais fabricantes das cachaças *Januária Velha, Insinuante, Claudionor*. Januária, 2012.

Marco Haurélio, Audálio Dantas, Luiz Carlos Bahia, Téo Azevedo e Edson Silva. Praça Benedito Calixto (SP), 2013.

Geraldo do Norte e Téo Azevedo no Prêmio Rozini. Memorial da América Latina (SP), 2013.

Nerivan Silva, Fátima Leão e Téo Azevedo, restaurante Feijão de Corda, São Paulo, 2012.

Músicos acompanhantes de Téo Azevedo. Rebolo, Rodrigo e Cadu da Viola. Aniversário de Montes Claros (MG), 03/07/2013.

O radialista Custódio, Téo e o folclorista Luiz Trópia, em frente da loja do Custódio, rua Carijós, 430 A – centro (BH).

Pousada SESC Lance. Prefeito Maurílio Arruda, Téo, Geraldo Norte, Adelzon Alves e amigos. Januária, 2012.

Aniversário da Comissão Mineira de Folclore. Téo declama na Biblioteca da Praça da Liberdade. Belo Horizonte (MG), 2012.

Maria, Eliane, Téo Azevedo, Nede Figueiredo, Dênio (dono do bar) e o patriarca Pedro Figueiredo. Bocaiúva (MG).

Téo Azevedo e Jadir Ambrósio (100 anos), autor do Hino do Cruzeiro. Café Nice (BH), 2012.

Paulo, Eduardo, Marusa, Arimateia e Téo, Hotel Fórmula 1. São Paulo, 2011.

Téo Azevedo, Carlos Felipe e o cineasta Alonso Gonçalves. (BH), 2012.

Casa de Jackson Antunes. Em pé de chapéu, Cícero Billy e Téo. Sentados, Cida e Terezinha, irmãs de Jackson e o prof. Juju. Janaúba (MG), 2011.

Téo e os Ternos de Catopês de Bocaiúva (MG).

Casamento de Téo Azevedo e Maria de Lourdes Chaves, com a família Chaves. Montes Claros, 23/02/2013.

Aniversário do pai de Edson. Téo, Geraldo do Norte e Edson Lima. São Paulo, 2013.

Leandro Azevedo, filho de Téo Azevedo, com a esposa Liz e Téo.

Tião da Renda, Custódio e Téo. Belo Horizonte, 2013.

Gravação do Projeto "Mineirada Roseana", Estúdio Bemol. Wilmar, João Araújo, Saulo Laranjeira, Chico Lobo e Téo. (BH), 2013.

Zé Lu, Paulinho, Ana Cláudia, Téo e Geraldo Messias. Alto Belo, 2013.

Luiz, Beatriz, Wilson com a pequena Maria Júlia no colo, Fernanda e Tércio (filho caçula de Téo). Alto Belo (MG).

Assis Ângelo, Rosa Maria Mano, Patativa do Assaré e Téo. Rádio Atual – CTN (SP).

Programa Domingão do Faustão. Jackson Antunes e o Terno da Folia de Reis de Alto Belo. (Rio de Janeiro)

Pena Branca & Xavantinho na casa de Téo Azevedo. Alto Belo (MG).

Zé Lu, Téo, Zé Paulo e Arimateia. Mercado Municipal (SP).

Ensaio com Bobby Keys (sanfonista do Rolling Stones) na casa de Michael Groissmann. César Abianto (acordeon), Bico Doce, (zabumba) Téo (camisa xadrez), Ivan (bateria), Zequinha (triângulo), Totonho di Biassi (baixo) e Adeildo Lopes (de costas, maestro e guitarrista). São Paulo.

Casamento do jornalista Luís Carlos Vieira Novaes e Maria Inês Sobrinho Novaes. Montes Claros (MG), 30/11/2012.

Encontro de artistas no Rio de Janeiro.

Téo Azevedo no programa do Jô Soares, pela 1ª vez, SBT.

Projeto Canto da Terra, Secretaria da Cultura do Estado de São Paulo.

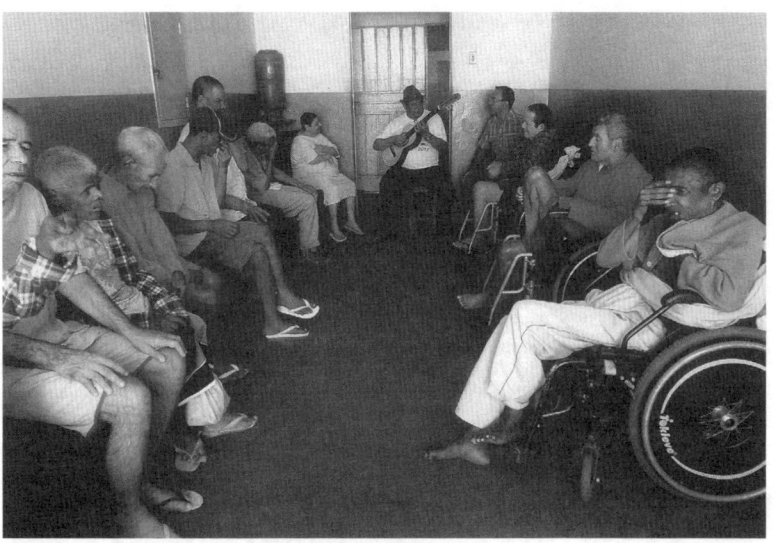

Téo Azevedo cantando no Asilo de Bocaiúva. Festa do Senhor do Bonfim (MG), julho/2013.

Lancaster La Rose de Azevedo (6 anos), filho de Téo, e o sobrinho Geraldo Tadeu.

Téo Azevedo e Inezita Barroso. Programa Viola, minha viola, TV Cultura, Canal 2. São Paulo (SP), 2013.

Amelina Chaves, Luiz Carlos, Téo e Petrônio Braz.

Alfredo Cardoso Bispo, Casamento de Helvécio Cardoso Bispo com Andrea de Souza Xavier, juiz de Casamento, Valdevino Pereira de Souza, e os padrinhos Téo e Lola. (26/07/2013).

Bruno, neto de Téo, Rafael e Ana Cláudia (filhos). Boqueirão (SP), 2012.

Téo, Gina, Jeca Mineiro, Maria José (fundadora e diretora do *Jornal Sertanejo*), Roberto e Ricardo Mota. (SP).

Bar do Neto, Babaloo, Elias, Fernando Boêmio, Téo, Cleury Cunha, Sidenaldo e Ricardo Braga. São Paulo, 2013.

Artistas na Praça Júlio Mesquita. São Paulo.

Programa Estância Alto da Serra. Eloy Carlone, Téo e a família Dias de Blumenau. (São Paulo).

Venâncio, prof. Joseph e Zacarias José, Bienal do Livro. Ibirapuera (SP).

Lima Duarte e Téo Azevedo. Programa Som Brasil, TV Globo. São Paulo, início dos anos 1980.

Festa de aniversário de Tadeu. Família Azevedo. (BH), 2012.

Téo, Telma e José Roberto. Escritório da Fábrica de Violas Rozini. São Paulo, 2012.

Genival Lacerda e os amigos da Fazenda do Açougue. Alto Belo (MG).

Marcelo, neto de Téo Azevedo e a bisneta Júlia Yasmim de Azevedo. Santa Isabel (SP).

Beatriz, Arnaldo, Nenê, Salete, Robson, Tadeu, Daniele e Téo. Casa de Beatriz. Alto Belo, 2013.

Raimundo & Edmundo, Téo, Sinval de Gameleira e José Osmar.

Menino Robson, Juca Ferreiro (avô de Téo) e Maria Flor de Maio. Fazenda do Cará. Carbonita, Vale do Jequitinhonha.

Igreja antiga do Senhor do Bonfim. Bocaiúva (MG).

Meire Maldonado e Antônio Augusto Azevedo. Montes Claros (MG).

Téo Azevedo, Tone Agreste e vários foliões do Terno da Folia de Reis. Fazenda de Dericão. Ao fundo as filhas do fazendeiro. Alto Belo.

Festa Junina. Téo Azevedo e Lola Chaves. Montes Claros, 2013.

Apartamento de Jackson Antunes. Téo, José Victor (garoto), Jackson, Marimbondo, Arnaldo, Matheus (menino), Téozinho e Sinval de Gameleira. Rio de Janeiro.

Lançamento do livro "Espinho do Quipá", de Dr. Amaury Correia e Vera Ferreira, neta de Lampião, sua mãe Expedita, a cangaceira Dadá e Téo Azevedo declamando. Consulado Mineiro (SP).

O radialista, cordelista e cantor Luiz Wilson do Programa Pintando o Sete. Rádio Imprensa, São Paulo (SP) com Téo Azevedo.

Téo Azevedo com o poeta e escritor Dr. João Valle Maurício. Lançamento do LP de Téo, *Forró e Calango*. Montes Claros.

Cozinha da Fazenda Bonsucesso. Maria, Geraldo do Norte, Nede Figueiredo, Dra. Mary Caldeira Brant, Adelzon Alves e Téo Azevedo.

Última gravação de Dominguinhos em CD. Música Padroeira da Visão, disco *Salve Gonzagão, 100 anos* 14.05.2012, Estúdio RC Master. São Paulo. Produção de Téo Azevedo.

Petrônio Bráz, Amelina Chaves, Braúna e Jackson Antunes. Centro Cultural. Montes Claros, 2010.

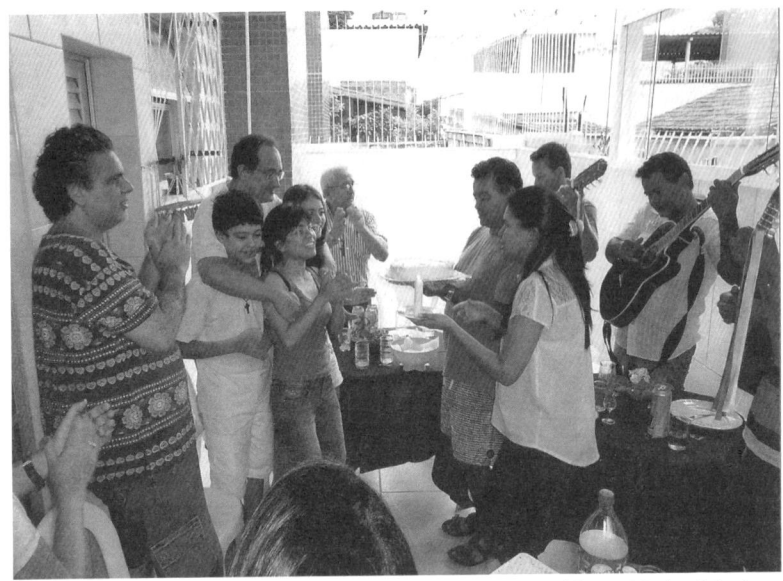

Festa na casa do Tadeu. Participação dos músicos Valdo & Vael e Marimbondo Chapéu. Belo Horizonte (MG).

Almoço na casa de Cláudio com vários amigos, 2013.

Gravação do Programa Estância Alto da Serra. 2013.

Terno da Folia de Reis de Alto Belo. Foto de Manuel Freitas.

Laura, Téo e Leyde. Gravação do CD *80 Anos da Música Caipira no Brasil*. Estúdio RC Master (SP).

Moacyr Franco e Téo Azevedo. Gravação do CD *100 Anos do Capitão Furtado*. Estúdio RC Master (SP).

Téo, Genival Lacerda, Crystiano e Rafael. Gravação do CD, *80 Anos de Genival Lacerda*. Estúdio RC Master (SP).

Téo Azevedo e Sérgio Reis. Gravação do CD *80 Anos da Música Caipira no Brasil*. Estúdio RC Master (SP).

Um amigo, Jair Rodrigues e Téo Azevedo. Gravação do CD *100 Anos do Capitão Furtado*. (SP)

Rodrigo Mattos, Saulo Laranjeira, Téo e Praiano. Gravação do CD *80 Anos da Música Caipira no Brasil*. Estúdio RC Master (SP).

Téo, Mococa, Jair, Paraíso, amigo e Sidenaldo.

Igreja Nossa Sra. da Conceição (1660), Matias Cardoso.

Livros publicados:

Literatura Popular do Norte de Minas. Global,1978.
Cultura Popular do Norte de Minas. Top Livros, 1979.
Plantas medicinais, benzeduras e simpatias – 1ª edição.
  Top Livros
Plantas medicinais, benzeduras e simpatias – 2ª edição.
  Global, 1980.
Abecedário Matuto. Global,1982.
Folia de Reis no Norte de Minas. SESC BH, 1983.
Repente e Folclore. SESC BH,1987.
Tiofo, O Cantador de Um braço Só.
Dicionário catrumano, com Assis Angelo.
Téo Azevedo. Organização: Sebastião Rodrigues Breguez.
  Hedra, 2001.

Discos:

(2013) *Salve Gonzagão – 100 anos* • CD
(2003) *Brasil com "s"* Vol.2 Téo Azevedo e convidados •
  Kuarup • CD
(2002) *Téo Azevedo/Fernanda Azevedo e convidados* •
  EMI • CD
(2001) *Téo Azevedo – 50 anos de cultura popular – Cantos do Brasil profundo* • Kuarup • CD
(2000) *Forró, Calango e Blues* • Eldorado • CD
(1999) *Cantador de Alto Belo* • Eldorado • CD
(1999) *Solos de Viola em dose dupla* • Eldorado • CD
(1999) *Folia de Reis de Alto Belo* • Eldorado • CD
(1994) *Guerrilheiro da natura* • Brasidisc • LP
(1993) *Téo Azevedo* • Copacabana • LP
(1993) *Cultura popular* • Independente • LP

(1987) *Cantador Violeiro* • Copacabana • *LP*
(1980) *O canto do cerrado* • WEA • *LP*
(1979) *Morte de vaqueiro* • Copacabana • *LP*
(1978) *Brasil, Terra da Gente* • Copacabana • *LP*
(1974) *Grito Selvagem* • Independente • *LP*
(1971) *Gibão – Copacabana*, compacto simples.

Téo Azevedo é membro da Comissão Mineira de Folclore SICAM, do Instituto Geográfico Cultural de Montes Claros (MG) e de praticamente todas as associações de repentistas do Brasil.

SOBRE A AUTORA

Amelina Chaves nasceu numa pequena vila chamada Sapé, à época município de Francisco Sá (MG). Dedicou toda a sua vida à arte, à cultura e à luta pela preservação das nossas raízes. Como artesã, participou de várias exposições: suas bruxas de pano já mereceram destaque no cenário do programa Som Brasil (da rede Globo).

Escritora que transita por vários gêneros, tem, até o momento 17 livros publicados, dentre eles: *O diário de um marginal* (contos), *O andarilho do São Francisco* (romance), *O câncer da vingança* (romance), *Um mineiro de Caratinga no Planalto* (biografia), *Ventania, o cachorrinho sonhador* (infantil), *Jagunços e coronéis* (romance), *O eclético Darcy Ribeiro* (ensaio), *João Chaves: eterna lembrança* (biografia), *Folclore: quitute e amor* (receitas), *Poemas da solidão* (poesia), *O menino que sonhava com as estrelas* (infantil).

É membro da Academia Monteclarense de Letras e de várias outras entidades de mais de 16 estados brasileiros. É membro colaboradora da Comissão Mineira de Folcloree foi presidente da Sociedade Norte-Mineira dos Artesãos e da Associação dos Repentistas e Poetas Populares.

Impresso por :

gráfica e editora

Tel.:11 2769-9056